L. 78

LETTRES
CHINOISES,
INDIENNES ET TARTARES.

&c. &c. &c.

LETTRES

CHINOISES,

INDIENNES

ET

TARTARES,

A MONSIEUR PAW,

PAR UN BENEDICTIN.

Avec plusieurs autres Pieces intéressantes.

LONDRES.

M. D. CC. LXXVI.

LETTRES
CHINOISES
ET
INDIENNES.

PREMIERE LETTRE,

Sur le Poëme de l'Empereur Kien-long.

JE prenais du café chez Mr. *Gervais* dans
la ville de Romorantin voisine de mon
Couvent : je trouvai sur son comptoir un paquet de brochures intitulé : *Moukden par
Kien-long.* Quoi! lui dis-je, vous vendez aussi des livres? Oui, mon Révérend Pere ; mais
je n'ai pu me défaire de celui-ci, on l'a re-
buté comme si c'était une Comédie nouvelle.
Est-il possible, Mr. Gervais, qu'on soit si barbare dans une Capitale où il y a un Libraire
& trente Cabaretiers? Savez-vous bien ce que
c'est que ce Kien-long qu'on néglige tant chez
vous ? Apprenez que c'est l'Empereur de la Chine & de la Tartarie, le Souverain d'un pays
six fois plus grand que la France, six fois plus
peuplé, & six fois plus riche. Si ce grand Empereur fait le peu de cas qu'on fait de ses vers
dans votre ville, (comme il le saura sans doute ; car tout se fait) ne doutez pas que dans

A

sa juste colere il ne nous détache quelque armée de cinq cents mille hommes dans vos faux-bourgs. L'Impératrice de Ruffie Anne était moins offenfée quand elle envoya contre vous une armée en 1736 : fon amour-propre n'était point fi cruellement outragé ; on n'avait point négligé fes vers : vous favez ce que c'est que *Genus irritabile vatum.*

Hélas! me dit Mr. Gervais, il y a quatre ans que j'avais cette brochure dans ma bouti-que, fans me douter qu'elle fût l'ouvrage d'un fi grand homme. Alors il ouvrit le paquet : il vit qu'en effet c'était un poëme du préfent Empereur de la Chine, traduit par le *Ré-vérend Pere Amiot de la Compagnie de Jéfus;* il ne douta plus de la vengeance ; il fe reffou-venait combien cette Compagnie de Jéfus avait été réputée dangereufe, & il la craignait encore, toute morte qu'elle était. Nous lumes enfem-ble le commencement de ce poëme: Mr. Ger-vais a du fens & du goût ; & s'il avait été é-levé dans une autre ville, je crois qu'il aurait été un excellent homme de lettres. Nous fu-mes frappés d'un égal étonnement ; j'avoue que j'étais charmé de cette morale tendre, de cet-te vertu bienfaifante qui refpire dans tout l'ou-vrage de l'Empereur. Comment, difais-je, un homme chargé du fardeau d'un fi vafte Royau-me a-t-il pu trouver du temps pour compofer un tel poëme ? Comment a-t-il eu un cœur affez bon pour donner de telles leçons à cent cin-quante millions d'hommes, & affez de jufteffe d'efprit pour faire tant de vers, fans faire danfer les montagnes, fans faire enfuir la mer, fans faire fondre le foleil & la lune? Mais comment une

nation auſſi vive & auſſi ſenſible que la nôtre
a-t-elle pu voir ce prodige avec tant d'indifférence? Auguſte, il eſt vrai, auſſi grand Seigneur que Kien-long, était homme de lettres auſſi; il compoſa quelques vers; mais c'é-
taient des épigrammes bien libertines: il ne ſavait s'il coucherait avec Fulvie femme d'Antoine, ou avec Mannius.

> Quid ſi me Mannius oret
> Pædicem, faciam? Non puto, ſi ſapiam.

Voici un Empereur plus puiſſant qu'Auguſte, plus révéré, plus occupé, qui n'écrit que
pour l'inſtruction & pour le bonheur du genre
humain. Sa conduite répond à ſes vers; il a
chaſſé les Jéſuites, & il n'a gardé de cette Compagnie que deux ou trois Mathématiciens: cependant, quelque cher qu'il doive nous être,
perſonne n'a parlé ſérieuſement de ſon poëme,
perſonne ne le lit, & c'eſt en vain que Mr. de
Guignes s'eſt donné la peine de le joindre à
l'hiſtoire intéreſſante de Gog & de Magog ou
des Huns! Je vois que dans notre petit coin
de l'Occident nous n'aimons que l'opéra comique & les brochures.

Mais, répondit Mr. Gervais, ſi on ne lit
pas le beau poëme de Moukden compoſé par
l'Empereur Kien-long, n'eſt-ce pas qu'il eſt ennuyeux? Quand un Empereur fait un poëme,
il faut qu'il nous amuſe; je dirais volontiers
aux Monarques qui font des livres: Sire, écrivez comme Jules Cézar, ou comme un autre
héros de ce temps-ci, ſi vous voulez avoir des
lecteurs.

Je répondis à **Mr. Gervais**, que l'Empereur de la Chine ne pouvait avoir le bonheur d'être né Français & d'avoir été batifé à Romorantin ; que la terre, toute petite planete qu'elle eſt par rapport à Jupiter & à Saturne, eſt pourtant fort grande en comparaiſon de la Généralité d'Orléans dans laquelle notre ville eſt enclavée : ſongez, lui dis-je, que la Tartarie orientale & occidentale ſont des régions immenſes, dont ſont ſortis les conquérants de preſque tout notre hémiſphere. Kien-long le Tartaro-Chinois eſt le premier bel-eſprit qui ait fait des vers en langue Tartare. Le ſavant & ſage Pere Parenin, qui demeura trente ans à la Chine, nous apprend, qu'avant cet Empereur Kien-long, les Tartares ne pouvaient faire des vers dans leur langue, & que lorſqu'ils voulaient traduire des vers Chinois, ils étaient obligés de les traduire en proſe (*), comme nous faiſions du temps des Daciers.

Kien-long a tenté cette grande entrepriſe ; il y a réuſſi ; & cependant il en parle avec autant de modeſtie que nos petits poëtes étalent d'orgueil & d'impertinence. *L'aplication & les efforts ſuppléeront*, dit-il, *aux talens qui me manquent.* (†) Cette humilité n'eſt-elle pas touchante dans un poëte qui peut ordonner qu'on l'admire ſous peine de la vie ?

Sa Majeſté Impériale s'exprime ſur lui-même avec autant de modeſtie que ſur ſes vers ;

(*) *Voyez le Tome IV. de la colection du Pere Duhalde, page 85, édition d'Hollande.*

(†) *Poëme de Moukden ou Mougden, page 11.*

& c'eſt ce que je n'ai point encore vu chez nous. Voyez comme au lieu de dire, nous a-vons fait ces vers de notre certaine ſcience, pleine puiſſance & autorité impériale, il dit, pag. 34 du prologue, ou de la préface de l'Em-pereur, ,, l'Empire ayant été tranſmis à ma ,, petite perſonne, je ne dois rien oublier ,, pour tâcher de faire revivre la vertu de mes ,, ancêtres; mais je crains, avec raiſon, de ,, ne pouvoir jamais les égaler. ''

Mr. Gervais m'interrompit à ces mots, que je prononçais avec une tendreſſe reſpectueuſe. Il gromelait entre ſes dents. La modeſtie de ce ſa-ge Empereur ne l'empêche pas pourtant d'avouer ingénument, que ſa petite perſonne deſcend en ligne directe d'une Vierge céleſte (*), ſœur cadette de Dieu, laquelle fut groſſe d'enfant pour avoir mangé d'un fruit rouge. Cette gé-néalogie, ajouta Mr. Gervais, peut inſpirer quelque dégoût.

Cela peut révolter, lui répondis-je, mais non pas dégouter; de pareils contes ont toujours réjoui les peuples. La mere de Gengis-Kan é-tait une vierge, qui fut groſſe d'un rayon du ſoleil. Romulus, longtemps auparavant, naquit d'une Religieuſe, ſans qu'un homme s'en mê-lât. Que deviendrons-nous, nous autres com-pilateurs, & où en ſerait notre art diplomati-que, ſi nous n'avions pas des traits d'hiſtoire de cette force à débrouiller? Réduiſez l'hiſtoire à la vérité, vous la perdez; c'eſt Alcine, dépouil-lée de ſes preſtiges, réduite à elle-même. Songez

---

(*) *Poëme de Moukden*, pag. 13.

A 3

d'ailleurs que le poëme de Moukden n'a pas
été fait pour nous, mais pour les Chinois.

Eh bien donc, répondit Mr. Gervais, qu'on
le life à la Chine.

L E T T R E II.

Réflexions de Don Ruinard fur la Vierge dont
l'Empereur Kien-long defcend.

JE rendis hier compte de cette converfation
au favant Don Ruinard, mon confrere, qui
me parla ainfi : ,, Vous avez eu tort de nier
,, les couches de la Vierge célefte & de fon
,, fruit rouge ; vous pourrez bientôt aller à la
,, Chine remplacer les Révérends Peres Jéfui-
,, tes ; vous courrez de grands rifques fi on
,, fait que vous avez douté de la généalogie
,, de l'Empereur Kien-long. L'avanture de fa
,, grand'mere eft d'une vérité inconteftable dans
,, fon pays ; elle doit donc être vraie par-tout ail-
,, leurs. Car enfin, qui peut être mieux informé
,, de l'hiftoire de cette Dame que fon petit-fils ?
,, L'Empereur ne peut être ni trompé ni trom-
,, peur. Son poëme eft entierement dépourvu
,, d'imagination ; il eft clair qu'il n'a rien in-
,, venté : tout ce qu'il dit fur fa ville de Mouk-
,, den eft purement véridique ; donc ce qu'il
,, raconte de fa famille eft véridique auffi. J'ai
,, avancé dans mes livres des chofes non moins
,, extraordinaires : l'hiftoire de mes fept pucel-
,, les d'Ancyre, dont la plus jeune avait foixan-
,, te & dix ans, condamnées toutes à être vio-

,, lées, approche affez de votre pucelle au fruit
,, rouge. (*)

Profonds raifonnements de Don Ruinard.

,, J'ai rapporté des prodiges encore plus mer-
,, veilleux; mais je les ai démontrés ; car j'ai
,, affirmé les avoir copiés fur des manufcrits
,, qui étaient cachés dans plus d'un de nos
,, Couvents au feizieme fiecle : or quelques pa-
,, ges de ces manufcrits étaient conformes les
,, unes aux autres ; donc rien n'était plus au-
,, thentique; *car cela ne s'était pas fait de con-*
,, *cert.* Il y a eu des gens de col roide que je
,, n'ai pu perfuader : ils ont eu l'affurance de
,, dire que ce n'eft pas affez, pour conftater
,, un fait arrivé il y a vingt ou trente fiecles,
,, de le trouver écrit fur un vieux papier du
,, temps de Rabelais dans une ou deux de nos
,, Abbayes. qu'il faut encore que ce fait ne foit
,, pas entierement abfurde. Un tel raifonnement
,, pourrait introduire trop de pyrrhonifme dans
,, la maniere d'étudier l'hiftoire de l'abbé Lan-
,, glet. On finirait par douter de la gargouil-
,, le de Rouen, & du Royaume d'Yvetot. Il
,, y a des opinions auxquelles il ne faut jamais
,, toucher; & pour vous expliquer en deux
,, mots tout le myftere, il eft abfolument égal,

(*) *Voyez l'hiftoire de fept vieilles pucelles d'Ancyre, du Caba-
retier Théodote, du Curé Fronton, & du Cavalier célefte, dans les
actes finceres de Don Ruinard, Tom. I. page 531 & fuivantes.
Voyez auffi le Jéfuite Bollandus; & voyez comme tout eft de cette
force dans ces Auteurs finceres.*

„ pour la conduitc de la vie, qu'uné chofe foit
„ vraie, ou qu'elle paffe pour vraie."

Ce difcours do Don Ruinard me parut profond & d'une grande utilité : cependant je fen-
tais qu'il y a dans le cœur humain un fentiment encore plus profond, qui nous infpire l'a-
verfion d'être trompés. Qu'un voyageur ine
raconte des chofes merveilleufes & intéreffantes, il me fait grand plaifir pour un moment :
vient-on me faire voir que tout ce qu'il m'a
dit eft faux, je fuis indigné contre le hableur.
Il y a des gens à qui je ne pardonnerai de ma
vie de m'avoir trompé dans ma jeunefle.

Je fais fort bien qu'il eft néceffaire que je fois
trompé à tous les moments par tous mes fens :
il faut qu'un bâton me paraiffe courbe dans
l'eau, quoiqu'il foit très-droit ; que le feu me
femble chaud, quoiqu'il ne foit ni chaud ni
froid ; que le foleil, un million de fois plus gros
que notre planete, foit à nos yeux large de
deux pieds ; qu'il femble plus grand à notre
horizon qu'au zénith, felon les regles données
par l'aftronome Hook : la nature nous fait une
illufion continuelle ; mais c'eft qu'elle nous
montre les chofes, non comme elles font, mais
comme nous devons les fentir. Si Pàris avait
vu la peau d'Hélene telle qu'elle était, il aurait apperçu un réfeau gris-jaune inégal, rude,
compofé de mailles fans ordre, dont chacune
renfermait un poil femblable à celui d'un lie-
vre ; jamais il n'aurait été amoureux d'Hélene.
La nature eft un grand opéra, dont les déco-
rations font un effet d'optique. Il n'en eft pas
de-même dans le faire & dans le raifonner ; nous
voulons qu'on ne nous trompe ni dans les mar-

chés qu'on fait avec nous, ni en hiftoire, ni en philofophie, ni en chymie, &c.

Quand j'y penfe, je me défie un peu de Don Ruinard mon confrere, tout favant Bénédictin qu'il eft. ' J'ai même quelque fcrupule (s'il m'eft permis de le dire) fur le pédagogue Chrétien du Révérend Pere d'Outreman Jéfuite, fur la légende dorée du Révérendiffime Pere en Dieu Voraginé, & même fur les épouvantables prodiges de feu Mr. l'abbé Pâris, & fur les vampires de Dom Calmet. J'ai une violente paffion de m'inftruire dans ma jeuneffe : on dit que cela fert beaucoup quand on eft vieux. Si je pouvois voyager, je ferais le tour du monde. Je voudrais m'aller faire Mandarin à la Chine comme les Jéfuites ; mais les Bénédictins difent qu'ils font trop bien chez eux pour en fortir. Ne pouvant donc prendre cet effor, je lis tous les voyages qui me tombent fous la main ; & la lecture fait fur moi cet effet fi commun, de me jeter dans de continuelles incertitudes.

Je fais bien que le démon Afmodée eft enchaîné dans la haute Egypte ; mais je doute que Paul Lucas lui ait parlé, l'ait vu mettre dans un fac coupé en vingt tronçons, & l'en ait vu fortir avec une peau fans coutures. Il a vu auffi & mefuré la tour de Babel. Plufieurs curieux en avaient fait autant avant lui, & entr'autres le fameux Juif Benjamin Jonas, natif de Tudele dans la Navarre au douzieme fiecle. Non-feulement Benjamin avait reconnu les premiers étages de cette tour; mais il contempla longtemps la ftatue de fel en laquelle Edith femme de Lot fut changée; & il remarqua en naturalifte attentif, que toutes les fois

que les beſtiaux venaient la lécher, & diminuer par-là l'épaiſſeur de ſa taille, elle reprenait ſur le champ ſa groſſeur ordinaire.

Que dirai-je du Frere mineur Plancarpin &
du Frere Prêcheur Aſſelin, envoyés avec d'autres Freres par le Pape Innocent IV. devers les
Princes de Gog & de Magog, qui ſont les Kans
des Tartares?

Ce qu'on peut le plus obſerver dans le récit
que fait le Frere mineur de l'inauguration de
ces Princes, c'eſt que les Mirza, appellés par
Plancarpin les Barons, font aſſeoir leurs Ma-
jeſtés par terre ſur un grand feutre, & leur di-
ſent : *Si tu n'écoutes pas conſeil, ſi tu gouver-
nes mal, il ne te reſtera pas même ce feutre ſur
lequel tu t'aſſieds.* (*) C'eſt ainſi, dit-il, que
les petits-fils de Gengis furent couronnés. Il y
a dans cette cérémonie je ne ſais quoi d'une philoſophie anglaiſe, qui ne déplait pas. Mais
lorſqu'enſuite le Moine Ambaſſadeur nous apprend que les montagnes Caſpiennes, où il ſe
trouve de l'aiman, attiraient à elles toutes les
fleches de Gog & de Magog; qu'une nuée ſe
mettait au devant des troupes & les empêchait
d'avancer; qu'une armée d'ennemis marcha pluſieurs milles ſous terre pour attaquer l'Empereur de Gog dans ſon camp; que le Prêtre Jean,
Empereur de l'Inde, combattit Gengis-Kan
avec des cavaliers de bronze, montés ſur de
grands chevaux, & remplis de ſouffre enflam-
mé; qu'un peuple à têtes de chien ſe joignit

_____

(*) *Ambaſſade de Plancarpin, page* 16, *in* 4°. *Edition de
Van der Aa.*

à cette armée de bronze, &c. &c. alors on est forcé de convenir que Frere Plancarpin n'était pas philosophe.

Frere Rubruquis, envoyé chez le grand Kan par St. Louis même, n'était gueres mieux informé. (*) Ce fut le fort du plus pieux & du plus brave des Rois, d'être trompé & d'être battu.

Il ne faut pas croire non plus que le fameux Marc Paul ait écrit comme Xénophon, comme Polybe ou de Thou. C'est beaucoup que dans notre treizieme siecle, dans le temps de notre plus crasse ignorance & de notre plus ridicule barbarie, il se soit trouvé une famille de Venitiens assez hardis pour aller à l'extrêmité de la mer noire, au-delà du pays de Médée & du terme où s'arrêterent les Argonautes: ce voyage ne fut que le prélude de la course immense de cette famille errante. Marc Paul sur-tout pénétra plus loin que Zoroastre, Pythagore & Apollonius de Thyane; il alla jusqu'au Japon, dont l'existence alors était aussi ignorée de nous que celle de l'Amérique. Quel divin génie mit dans l'ame de trois Venitiens cette ardeur d'agrandir pour nous le globe? rien autre chose que l'envie de gagner de l'argent. Son pere, son oncle & lui, étaient de bons marchands comme Tavernier & Chardin. Il ne paraît pas que Marc Paul eût fait fortune: son livre n'en fit point, & on se moqua de lui. Il est diffi-

---

(*) L'Abbé Prévost, dans sa rédaction des voyages, l'appelle Capucin: les Révérends Peres Capucins ne sont pourtant établis que de l'année 1528. par le Pope Clément VII.

cile en effet de croire que fitôt que le grand
Kan Coublaï, fils de Gengis-Kan, fut informé de l'arrivée de Meffer Marco Polo, qui venait vendre de la thériaque à fa cour, il envoya
au-devant de lui une efcorte de quarante mille
hommes, & qu'enfuite il dépêcha ce Venitien
comme Ambaffadeur auprès du Papo, pour fup-
plier fa Sainteté de lui accorder des Millionnaires qui viendraient le baptifer lui & les fiens,
toute la famille de Gengis-Kan ayant une extrême paffion pour le baptême.

De la Vierge fœur cadette de Dieu, grand'- mere de l'Empereur.

Faifons ici une obfervation qui me paraît
très-curieufe: on trouve dans les notes du poëme de l'Empereur Tartaro-Chinois actuellement
régnant (*), que le premier des ancêtres de ce
Monarque étant né, comme on a vu, d'une
Vierge célefte, s'alla promener vers le pays de
Moukden, fur un beau lac, dans un bateau
qu'il avait conftruit lui-même: toute une nation était affemblée fur le bord du lac pour
choifir un Roi. Le fils de la Vierge harangua
le peuple avec tant d'éloquence, qu'il fut élu
unaniment. Qui croirait que Marc Paul
rapporte à peu près la même avanture plus de
cinq cents ans auparavant? Elle étoit donc dès-
lors en vogue; c'était donc un ancien dogme
du pays: l'Empereur Kien-long n'a donc fait
que fe conformer depuis à la creance commu-

(*) *Page 221 & fuivantes.*

ne, comme Jules Céfar faifait graver l'étoile de Vénus fur fes médailles. Céfar fe plaifait à defcendre de la Déeffe de l'amour : Kien-long veut bien fe croire iffu de fa Vierge célefte ; & les d'Hofiers de la Chine n'en difconviennent pas.

Gonzalez de Mendoza, de l'ordre de St. Au-guftin, l'un des premiers qui nous a donné des nouvelles fûres de la Chine, nous apprend qu'avant l'avanture de la Vierge célefte, une Princeffe nommée Hauzibon (*) devint groffe d'un éclair ; c'eft à peu près l'hiftoire de Se-mélé, avec qui Jupiter coucha au milieu des éclairs & des tonnerres. Les Grecs font de tous les peuples ceux qui ont le plus multi-plié ces imaginations orientales. Chaque pays a fes fables ; on ne ment point quand on les rapporte : la partie la plus philofophique de l'hiftoire eft de faire connaître les fottifes des hommes. Il n'en eft pas ainfi de ces exagéra-rations dont tant de voyageurs ont voulu nous éblouir.

On foupçonne Marc Paul d'un peu d'enflure quand il nous dit (†): *Moi Marc, j'ai été dans la ville de Kinfay ; je l'ai examinée diligemment : elle a cent milles de circuit, & douze mille ponts de pierre, dont les arches font fi hautes que les plus grands vaiffeaux paffent deffous fans baiffer leurs mâts : la ville eft bâtie comme Venife. — On y voit trois mille bains. — C'eft la Capitale*

(*) *Imprimé à Rome en 1586, & dédié à Sixte-Quint.*

(†) *Page 16 & fuivantes, édition de Van der Aa.*

de la Province de Mangi, Province partagée en
neuf Royaumes. Kinsay est la Métropole de cent
quarante villes, & la Province en contient dou-
ze cents, &c. &c.

On avoue que depuis la Jérusalem céleste,
qui avait cinq cents lieues de long & de large,
dont les murs étaient de rubis & d'émeraudes,
& les maisons d'or, il ne fut jamais de plus
grande & de plus belle ville que Kinsay : c'est
dommage qu'elle n'existe pas plus aujourd'hui
que la Jérusalem.

Cette étonnante Province de Mangi est dans
nos jours celle de Ichenguiam dont parle l'Empereur dans son poëme. Il n'y a plus, dit-on,
que onze villes du premier ordre, & soixante
& dix-sept du second. Les villages & les ponts sont
encore en grand nombre dans le pays ; mais on
y cherche envain l'admirable ville de Kinsay.
Marc Paul peut l'avoir flattée, & les guerres
l'avoir détruite.

Tous ceux qui nous ont donné des relations de
la Chine, conjecturent que de cette ancienne Babylone aux douze mille ponts il en reste une
petite ville nommée Cho-hing-fou, qui n'a qu'-
un million d'habitants : on nous persuade qu'elle
est percée des plus beaux canaux, plantée de
promenades délicieuses, ornée de grands monuments de marbre, couverte de plus de ponts
de pierre que Venise, Amsterdam, Batavia & Su-
rinam n'en ont de bois : cela doit au moins nous
consoler, & mérite que nous fassions le voyage.

Le physique & le moral de ce pays-là, le
vrai & le faux, m'inspirent tant de curiosité,
tant d'intérêt, que je vais écrire sur le champ
à Mr. Paw. J'espere qu'il levera tous mes
doutes.

LETTRE III.

Adressée à Mr. Paw, sur l'Athéisme de la Chine.

MONSIEUR,

J'Ai lu vos livres. Je ne doute pas que vous n'ayiez été longtemps à la Chine, en Egypte, & au Mexique: de plus vous avez beaucoup d'esprit; avec cet avantage on voit & on dit tout ce qu'on veut. Je vous fais le compliment que les lettrés Chinois se font les uns aux autres: *Ayez la bonté de me communiquer un peu de votre doctrine.*

Je vous fais d'abord un aveu plus sincere que les actes de Don Ruinard (*): c'est que le poëme de sa Majesté l'Empereur de la Chine & la Théologie de Confucius m'ennuient au fond de l'ame autant qu'ils ennuient Mr. Gervais, & que cependant je les admire. Ma raison pour m'être ennuyé avec le plus grand Monarque du monde, & même de son vivant, c'est qu'un poëme traduit en prose produit d'ordinaire cet effet, comme Mr. Gervais l'a bien senti. Pour Confucius, c'est un bon prédicateur; il est si verbeux qu'on n'y peut tenir. Ce qui fait que je les admire tous deux, c'est que l'un étant Roi ne s'occupe que du bonheur de ses sujets, & que l'autre étant

---

(*) *Les savants connaissent les actes sinceres de Don Ruinard, aussi sinceres que la Légende dorée & Robert le Diable.*

Théologien n'a dit d'injures à perſonne. Quand je ſonge que tout cela s'eſt fait à ſix mille lieues de ma ville de Romorantin, & à deux mille trois cents ans du temps où je chante vêpres, je ſuis en extaſe.

Les Révérends Peres Dominicains, les Révérends Peres Capucins, & les Révérends Peres Jéſuites, ont eu de violentes diſputes à Rome ſur la théologie de la Chine. Les Capucins & les Dominicains ont démontré, comme on ſait, que la Religion de Confucius, de l'Empereur & de tous les Mandarins, eſt l'athéiſme : les Jéſuites, qui étaient tous mandarins, ou qui aſpiraient à l'être, ont démontré qu'à la Chine tout le monde croit en Dieu, & qu'on n'y eſt pas loin du Royaume des Cieux. Ce procès en cour de Rome a fait preſque autant de bruit que celui de la Cadiere. On y eſt bien embarraſſé.

Vous ſouviendrez-vous, Monſieur, de celui qui écrivait, *les uns croient que le Cardinal Mazarin eſt mort, les autres qu'il eſt vivant ; & moi je ne crois ni l'un ni l'autre ?* Je pourrais vous dire : je ne crois, ni que les Chinois admettent un Dieu, ni qu'ils ſoient athées ; je trouve ſeulement qu'ils ont comme vous beaucoup d'eſprit, & que leur métaphyſique eſt tout auſſi embrouillée que la nôtre.

Je lis ces mots dans la préface de l'Empereur ; car les Chinois font des préfaces comme nous : *J'ai toujours ouï dire, que ſi on conforme ſon cœur aux cœurs de ſes pere & mere, les freres vivront toujours emſemble de bonne intelligence : ſi on conforme ſon cœur aux cœurs de ſes ancêtres, l'union régnera dans toutes les fa-*
mil-

milles: & si on conforme son cœur aux cœurs du ciel & de la terre, l'univers jouira d'une paix profonde.

Ce seul passage me paraît digne de Marc-Aurele sur le trône du monde. Qu'on se conforme aux justes desirs du pere de famille, & la famille est unie ; qu'on suive la loi naturelle, & tous les hommes sont freres : cela est divin ; mais par malheur cela est athée dans nos langues d'Europe : car, parmi nous, que veut dire se conformer au ciel & à la terre? la terre & le ciel ne sont point Dieu, ils sont ses ouvrages brutes.

L'Empereur poursuit ; il en appelle à Confucius ; voici la décision de Confucius qu'il cite : *Celui qui s'aquitte convenablement des cérémonies ordonnées pour honorer le ciel & la terre à l'équinoxe & au solstice, & qui a l'intelligence de ces rites, peut gouverner un Royaume aussi facilement qu'on regarde dans sa main.*

Savoir si l'Empereur est athée.

On trouvera encore ici que ces lignes de Confucius sentent l'athée de six mille lieues loin. Vous avez lu qu'elles ébranlerent le cerveau chrétien de l'Abbé Boileau frere de Nicolas Boileau le bon poëte. Confucius & l'Empereur Kien-long auraient mal passé leur temps à l'Inquisition de Goa; mais comme il ne faut jamais condamner légerement son prochain, & encore moins un bon Roi, considérons ce que dit ensuite notre grand Monarque(*):

(*) *Page 103 du poëme de Moukden.*

B

De tels hommes devaient attirer sur eux des re-
gards favorables du souverain maître qui regne
dans le plus haut des cieux.

Certes le Pere Bourdaloue & Maffillon n'ont
jamais rien dit de plus orthodoxe dans leurs
fermons. Le Pere Amiot jure qu'il a traduit
ce paffage à la lettre. Les ennemis des Jéfuites diront que ce ferment même de frere A-
miot eft très-fufpect, & qu'on ne s'avifa jamais d'affirmer par ferment la fidélité de la
traduction d'un endroit fi fimple. *Nimia præ-
cautio dolus*, trop de précaution eft fourbe-
rie. Frere Amiot, logé dans le palais & fachant très-bien que Sa Majefté eft athée, aura voulu aller au-devant de cette accufation.
Si l'Empereur croyait en Dieu , il dirait un
mot de l'immortalité de l'ame: il n'en parle
pas plus que Confucius; donc l'Empereur n'eft
qu'un athée vertueux & refpectable. Voilà ce
que diront les Janféniftes, s'il en refte encore.

Si les Chinois & les Juifs connurent tard l'im-
mortalité de l'ame.

A cela les Jéfuites répondront : on peut
très-bien croire en Dieu fans être inftruit
des dogmes de l'immortalité de l'ame, de l'enfer & du paradis. La loi Mofaïque n'annonça point ces grands dogmes; elle les réferva
pour des temps plus divins. Les Saducéens,
rigides théologiens, n'en ont rien cru. La
croyance d'un Dieu fut de tout temps une vérité infpirée par la nature à tous les hommes vivants en fociété; le refte a été enfeigné par
la révélation : delà on conclut avec affez de

vraisemblance, que l'Empereur Kien-long peut manquer de foi, mais qu'il ne manque pas de raison.

Pour moi, Monsieur, je ne me sens ni assez hardi, ni assez compétent pour juger un aussi grand Roi : je présume seulement, que le mot Tien ou Changti ne comporte pas précisement la même idée que le mot *al* donnait en arabe, *Jéhova* en phénicien, *Knef* en égyptien, *Zeus* en grec, *Deus* en latin, *Gott* en ancien allemand. Chaque mot entraîne avec lui différents accessoires en chaque langue : peut-être même, si tous les docteurs de la même ville voulaient se rendre compte des paroles qu'ils prononcent, on ne trouverait pas deux Licentiés qui attachassent la même idée à la même expression. Peut-être enfin n'est-il pas possible qu'il y ait deux hommes sur la terre qui pensent absolument de-même.

Vous m'objecterez que, si la chose était ainsi, les hommes ne s'entendraient jamais. Aussi en vérité ne s'entendent-ils gueres : du moins je n'ai jamais vu de dispute dans laquelle les argumentants fussent bien positivement de quoi il s'agissait. Personne ne posa jamais l'état de la question, si ce n'est cet hibernois qui disait : *Verum est ; contra fic argumentor :* la chose est vraie ; voici comme j'argumente contre.

Permetttez-moi, Monsieur, de vous faire d'autres questions dans ma premiere lettre. Je ne me ferai pas entendre de vous avec autant de plaisir que je vous ai entendu quand j'ai lu vos ouvrages.

LETTRE IV.

*Sur l'ancien Christianisme qui n'a pas man-
qué de fleurir à la Chine.*

JE vous supplie, Monsieur, de m'éclairer
sur une difficulté qui intéresse l'Empire de
la Chine, tous les Etats de la Chrétienté, &
même un peu les Juifs nos peres. Vous savez
ce que fit à la Chine le Révérend Pere Ricci
(*); ce nom est respectable, mais n'est pas heureux : il avait trouvé le moyen de s'introduire
à la Chine avec un Jesuite Portugais nommé
Sémédo, & notre Révérend pere Trigaut, autre
nom célebre qu'on a cru significatif. Ces trois
Millionnaires faisaient batir en 1625 une maison & une Eglise auprès de la ville de Sigan-
fou. Ils ne manquerent pas de trouver sous
terre une tablette de marbre longue de dix pal-
mes, couverte de caracteres Chinois très-fins,
& d'autres lettres inconnues, le tout surmon-
té d'une croix de Malthe toute semblabe à celle que d'autres Millionnaires avaient décou-
verte auparavant dans le tombeau de l'apôtre
saint Thomas sur la côte de Malabar. (**) Les

(*) *Quatre Dictionnaires, intitulés Dictionnaires des grands hommes; le font mourir à l'âge de cinquante-huit ans. L'Abbé Prévost, dans sa compilation de voyages, le fait vivre jusqu'à quatre-
vingt huit. On ment beaucoup sur les grands hommes.*

(**) *L'apôtre saint Thomas était charpentier : il alla à pied en
Malabar portant un soliveau sur l'épaule.*

caracteres inconnus furent reconnus bientôt pour être de l'ancien hébreu reſſemblant au Syriaque. Cette tablette diſait ,que la foi Chrétienne avait été prêchée à Sigan-fou & dans toute la province de Kenſi (*) dès l'an de notre ſalut 636. La date de ce monument n'eſt que de l'année 782 de notre Ere : de forte que ceux qui érigerent autrefois ce marbre attendirent cent quarante-ſix ans que la choſe fût bien conſtatée, pour la certifier à la poſtérité.

L'authenticité de cette piece était confirmée par pluſieurs témoins, qui graverent leurs noms ſur la pierre : on ſent bien que ces noms ne font aiſés à prononcer ni en italien ni en français. Pour plus grande ſûreté, outre les noms gravés des premiers témoins oculaires de l'an de grace 782, on a ſigné ſur une grande feuille de papier ſoixante & dix autres noms de témoins de bonne volonté, comme Aaron, Pierre, Job, Lucas, Matthieu, Jean,&c. qui tous font réputés avoir vu tirer le marbre de terre à Sigan-fou en préſence du frere Ricci l'an 1625, *& qui ne peuvent avoir été ni trompeurs ni trompés.*

Maintenant il faut voir ce qu'atteſtent les anciens témoins gravés de notre année 782, & les nouveaux témoins en papier de notre année 1725. Ils dépoſent *qu'un ſaint homme, nommé Olopuen, arriva de Judée à la Chine guidé par des nuées bleues, par des vents & par des cartes hydrographiques ſous le regne de Taïcum-ven-hoamti,* qui n'eſt connu de perſonne:

_____

(*) *Singan-fou eſt la Capitale de Kenſi.*

c'était, dit le texte Syriaque, dans l'année mille quatre-vingt-douze d'Alexandre *aux deux cornes* (*); c'est l'Ere des Séleucides, & elle revient à la nôtre 636. Les Jésuites, & surtout le pere Kirker, commentateurs de cette piece curieuse, disent que par la Judée il faut entendre la Mésopotamie, & qu'ainsi le Juif Olopuen était un très-bon chrétien qui venait planter la foi dans le royaume de Cathay; ce qui est prouvé par la croix de Malthe. Mais ces commentateurs ne songent pas que les Chrétiens de la Mésopotamie étaient des Nestoriens, qui ne croyaient pas la sainte Vierge mere de Dieu. Par conséquent, en prenant Olopuen pour un Chaldéen dépêché par les nuées bleues pour convertir la Chine, on suppose que Dieu envoya exprès un hérétique pour pervertir ce beau royaume.

Voilà pourtant ce qu'on nous a conté sérieusement; voilà ce qui a si longtemps occupé les savants de Rome & de Paris; voilà ce que le Pere Kirker, l'un de nos plus intrépides antiquaires, nous raconte dans sa *Sina illustrata*. Il n'avait point vu la pierre, mais on lui en avait donné la copie d'une copie. Kirker était à Rome, & n'avait jamais été à la Chine qu'il illustrait; & ce qu'il y a de bon & d'assez curieux à mon gré, c'est que le Pere Sémédo, qui avait vu ce beau monument à Sigan-fou, le rapporte d'une façon, & le Pere Kirker d'une autre.

_____

(*) *Alexandre à deux cornes signifie Alexandre vainqueur de l'Orient & de l'Occident.*

Voici l'inſcription de Sémédo, telle qu'il
l'imprima en eſpagnol dans ſon hiſtoire de la
Chine, à Madrid chez Jean Sanchès en 1642.

O que l'Eternel eſt vrai & profond, incompré-
henſible & ſpirituel ! En parlant du temps paſſé,
il eſt ſans principe. En parlant du temps à venir,
il eſt ſans fin: Il prit le rien, & avec lui il fit
tout. Son principe eſt trois en un. Sans vrai prin-
cipe il arrangea les quatre parties du monde en
forme de croix. Il remua le chaos, & les deux
principes en furent tirés. L'abyme éprouva le
changement; le ciel & la terre parurent.

Après avoir ainſi fait parler l'auteur de l'inſcription chinoiſe dans le ſtyle des perſonnages
de Cervantes & de Quévédo, après avoir paſſé
du péché d'Adam au déluge, & du déluge au
Meſſie, il vient enfin au fait: il déclare que
du temps du Roi Taïkumven-hoamti, qui gou-
vernait avec prudence & ſainteté, il vint de
Judée un homme de vertu ſupérieure nommé
Olopuen, qui, guidé par les nuées, apporta la
véritable doctrine. *Vino deſde un Judeo hombre*
de ſuperior virtud , de nòmbre Olopuen , que guia-
do de las nubes truxo la verdadera dottrina.

Enſuite cette inſcription, qui n'eſt pas dans
le ſtyle lapidaire, nous inſtruit que l'Evangile n'était bien connu que dans le Royaume
de Tacin, qui eſt la Judée; que Tacin confi-
ne à la mer rouge par le midi, avec la montagne des perles par le nord, &c. que dans ce
pays d'Evangile les dignités ne ſe donnent
qu'à la vertu; que les maiſons ſont grandes &
belles; que le Royaume eſt orné de bonnes
mœurs.

Le prince Caocum, fils de l'Empereur Taïkum, ordonna bientôt qu'on bâtît des églises dans toute la Chine à la façon de Tacin. Il honora Olopuen, & lui donna le titre d'Evêque de la grande loi : *honrò a Olopuen, dandole titulo de Obispo de la gran ley.*

Ce n'est pas la peine de traduire le reste de de cette sage & éloquente piece. Kirker a voulu en corriger le fond & le style.

Le principe, dit-il, a toujours été le même, vrai, tranquille, premier des premiers, sans origine, nécessairement le même, intelligent & spirituel, le dernier des derniers, Etre excellentissime. Il établit les poles des cieux, & il opéra excellemment avec le rien..... Enfin une femme vierge engendra le saint dans Tacin en Judée; & la constellation claire annonça la félicité..... Or du temps de Taïcum-ven, très-illustre & très-sage Empereur de la Chine, arriva du Royaume de Tacin en Judée un homme ayant une vertu suprême, nommé Olopuen, conduit par des nuées bleues, apportant les écritures de la vraie doctrine, contemplant la regle des vents pour résister aux dangers auxquels ses travaux l'exposaient. Il arriva à la Cour. L'Empereur commanda à un Colao son sujet, d'aller au-devant du nouveau-venu avec les bâtons rouges (qui sont la marque d'honneur); & quand on eut introduit Olopuen dans le palais par l'Occident, l'Empereur fit apporter les livres de la doctrine de la loi. Il s'informa soigneusement de cette loi profonde dans son cabinet, & de cette droite vérité... il ordonna qu'on la promulguât & qu'on l'étendît par-tout.

C'était, ajoute Kirker, l'an de Christ 639; en quoi il ne s'accorde pas avec Sémédo. Après quoi il poursuit ainsi dans sa traduction :

l'Empereur ordonna qu'on bâtit une église à la maniere de Tacin en Judée, & qu'on y établit vingt-un prêtres, &c.

Tout le reste est dans ce goût. Conciliera qui voudra le Jésuite portugais Sémédo avec le Jésuite allemand Kirker.

Les hérétiques difent que le voyage d'Olopuen à la Chine, conduit par les nuées bleues, n'approche pas encore du voyage de Notre Dame de Lorette, qui vint depuis par les airs, dans sa maison, de Jérusalem en Dalmatie, & de Dalmatie à la marche d'Ancone. Le Jésuite Bertier a combattu vigoureusement dans le Journal de Trevoux en faveur d'Olopuen & de son avanture. Il se trouvera encore quelque Nonotte, (*) qui prouvera la vérité de cette histoire, comme il s'en est trouvé d'autres qui ont démontré la translation de la maison de notre Ste. Vierge.

Je dirais volontiers à ces Messieurs, qui nous ont démontré tant de chofes, ce que dit à peu-près Théone à Phaëton dans l'opéra du *phœnix de la poëfie chantante*, que j'aime toujours malgré ma robe.

> Ah du moins, Bonze que vous êtes,
> Puifque vous me voulez tromper,
> Trompez-moi mieux que vous ne faites.

(*) *Ce Nonotte, dans un beau livre intitulé Erreurs, a démontré l'authenticité de l'apparition du labarum à Conftantin, la douce modération de ce bon prince, celle de Théodofe, la chafteté de tous les rois de Fran- de la premiere race, les facrifices de fang humain offerts par Julien le philofophe, le martyre de la légion Thébaine, &c. C'était un régent de fixieme fort favant, & un Jéfuite très-tolérant, grand Prédicateur, & d'un efprit fin quoique profond.*

B 5

Ayez la bonté de me dire, Monfieur, ce que vous aimez le mieux, ou ces belles imaginations, ou les nouveaux fyſtêmes de phyſique. Les Peres du Concile de Trente, ayant entendu diſcourir Dominico Soto & Achille Gaillard ſur la grace, dirent que cela était admirable, mais qu'ils donnaient la préférence à leurs cuiſiniers. Je crois que Dominico Soto & Achille Gaillard étaient dans la bonne foi, & même que leurs diſputes ne briſerent point les liens de la charité. Je ne dois ni ne puis penſer autrement ; mais quand je viens à conſidérer tous les autres charlataniſmes de ce monde, depuis les dogmes qui ont régné en Ethiopie juſqu'à l'immortalité du Dalaï-Lama au grand Thibet & à la fainteté de ſa chaiſe percée, depuis le Xaca du Japon juſqu'aux anciens Druides des Gaules & de l'Angleterre, je ſuis épouvanté. Je conçois bien que tant de joueurs de gobelets ont voulu ſe faire payer en argent & en honneurs. On ne tromperait pas, dit-on, s'il n'y avait rien à gagner ; mais concevez-vous ceux qui paient ? Comment ſe peut-il que parmi tant de millions d'hommes il n'y en eût pas deux qui ſe fuſſent laiſſés tromper ſur la valeur d'un écu, & que tous couruſſent au devant des erreurs les plus groſſieres & les plus affreuſes, dont il leur importait tant d'être déſabuſés?

Ne voyez-vous pas comme moi avec conſolation, qu'il y a au bout de l'Aſie une ſociété immenſe de lettrés, auxquels on n'a jamais reproché de ſuperſtition ridicule ou ſanguinaire ? & s'il ſe forme jamais ailleurs une compagnie pareille, ne la bénirez-vous pas?

Je m'apperçois que je ne vous ai pas écrit tout-à-fait en enfant de faint Idulphe; vous me le pardonnerez s'il vous plait.

LETTRE V.

Sur les loix & les mœurs de la Chine.

MONSIEUR,

J'Ai peine à me défendre d'un vif enthoufiafme, quand je contemple cent cinquante millions d'hommes (*) gouvernés par treize mille fix cents Magiftrats divifés en différentes cours toutes fubordonnées à fix cours fupérieures, lefquelles font elles-mêmes fous l'infpection d'une cour fuprême. Cela me donne je ne fais quelle idée des neuf chœurs des anges de St. Thomas d'Aquin.

Ce qui me plait de toutes ces cours chinoifes, c'eft qu'aucune ne peut faire exécuter à mort le plus vil citoyen à l'extrémité de l'Empire, fans que le procès ait été examiné trois fois par le grand Confeil, auquel préfide l'Em-

---

(*) *Plus ou moins ; mais par les mémoires envoyés de la Chine au Pere Duhalde, il paraît que fous l'Empereur Camhi on comptait environ foixante millions d'hommes entre l'âge de vingt & cinquante ans capables de porter les armes, fans parler des femmes & des filles, des jeunes gens, des veillards, des lettrés, des familles nombreufes qui n'habitent que dans des bateaux : le compte doit aller à plus de deux cents millions, fur-tout depuis les immenfes conquêtes faites dans la Tartarie occidentale.*

pereur lui-même. Quand je ne connaîtrais de
la Chine que cette feule loi, je dirais : voilà
le peuple le plus jufte & le plus humain de
l'univers.

Si je creufe dans le fondement de leurs loix,
tous les voyageurs, tous les miffionnaires,
amis & ennemis, Efpagnols, Italiens, Portugais, Allemands, Français, fe réuniffent pour
me dire que ces loix font établies fur le pouvoir paternel, c'eft-à-dire, fur la loi la plus
facrée de la nature.

Ce gouvernement fubfifte depuis quatre mille ans, de l'aveu de tous les favants ; & nous
fommes d'hier ! je fuis forcé de croire & d'admirer. Si la Chine a été deux fois fubjuguée
par des Tartares, & fi les vainqueurs fe font
conformés aux loix des vaincus, j'admire encore davantage.

Je laiffe là cette muraille de cinq cents
licues de long, bâtie deux cents vingt ans
avant notre ere ; c'eft un ouvrage auffi vain
qu'immenfe, & auffi malheureux qu'il parut
d'abord utile, puifqu'il n'a pu défendre l'Empire. Je ne parle pas du grand canal de fix
cents mille pas géométriques qui joint le fleu-
ve jeaune à tant d'autres rivieres. Notre canal du Languedoc nous en donne quelque faible idée. Je paffe fous filence des ponts de marbre de cent arches (*) conftruits fur des bras

---

(*) Je fuis fâché de ne pouvoir ni bien prononcer ni bien écrire
Fou-tchou-fou, ville capitale de la grande province de Fokien : c'eft
auprès de Fou-tchou-fou qu'eft ce beau pont ; & ce qu'il y a de mieux,
c'eft que les environs font couverts d'orangers, de citroniers, de
cedres & de cannes de fucre.

de mer, parce qu'après tout nous avons bâti le pont St. Efprit fur le Rhône dans le temps que nous étions encore à demi barbares, & parce que les Egyptiens éleverent leurs pyramides lorfqu'ils ne favaient pas encore penfer.

Je ne ferai nulle mention de la prodigieufe magnificence des cours chinoifes; car l'inftallation de quelques-uns de nos Papes eut auffi quelque fplendeur; & la promulgation de la Bulle d'or à Nuremberg ne fut pas fans fafte.

J'ai plus de plaifir à lire les maximes de Confucius prédéceffeur de St. Martin de plus de mille ans, qu'à contempler l'eftampe d'un Mandarin fefant fon entrée dans une ville à la tête d'une proceffion: permettez-moi de rapporter ici quelques-unes de ces fentences.

,, La raifon eft un miroir qu'on à reçu du ,, ciel; il fe ternit; il faut l'effuyer. Il faut ,, commencer par fe corriger pour corriger ,, les hommes.

,, Je ne voudrais pas qu'on fût ma penfée; ,, ne la difons donc pas. Je ne voudrais pas ,, qu'on fût ce que je fuis tenté de faire; ne ,, le fefons donc pas.

,, Le Sage craint quand le ciel eft ferein; ,, dans la tempête il marcherait fur les flots ,, & fur les vents.

,, Voulez-vous minuter un grand projet, ,, écrivez-le fur la pouffiere, afin qu'au moin- ,, dre fcrupule il n'en refte rien.

,, Un riche montrait fes bijoux à un Sage; ,, je vous remercie des bijoux que vous me ,, donnez, dit le Sage. Vraiment je ne vous ,, les donne pas, repartit le riche. Je vous de- ,, mande pardon, repliqua le Sage, vous me

,, les donnez: car vous les voyez, & je les
,, vois; j'en jouis comme vous, &c. ''

Il y a plus de mille fentences pareilles de
Confucius, de fes difciples & de leurs imitateurs. Ces maximes valent bien les fecs &
faftidieux effais de Niçole.

On n'eft pas furpris qu'une nation fi morale
ait été fubjuguée par des peuples féroces ;
mais on s'étonne qu'elle ait été fouvent bou-
leverfée comme nous par des guerres inteſti-
nes : c'eft un beau climat qui a effuyé de vio-
lents orages.

Ce qui étonne plus, c'eft qu'ayant fi longtemps cultivé toutes les fciences, ils foient
demeurés au terme où nous étions en Europe
au dixieme, onzieme & douzieme fiecles. Ils
ont de la mufique ; & ils ne favent pas noter
un air, encore moins chanter en parties. Ils
ont fait des ouvrages d'une mécanique prodigieufe ; & ils ignoraient les mathématiques.
Ils obfervaient, ils calculaient les éclipfes ;
mais les éléments de l'aftronomie leur étaient
inconnus.

Leurs grands progrès anciens, & leur ignorance préfente, font un contrafte dont il eft
difficile de rendre raifon. J'ai toujours penfé
que leur refpect pour leurs ancêtres, qui eft
chez eux une efpece de religion, était une
paralyfie qui les empêchait de marcher dans la
carriere des fciences. Ils regardaient leurs ayeux
comme nous avons longtemps regardé Ariftote : notre foumiffion pour Ariftote (qui n'é-
tait pourtant pas l'un de nos ancêtres) a été
fi fuperftitieufe, que même dans l'avant-der-
nier fiecle le Parlement de Paris défendit, fous

peine de mort, qu'on fût en phyſique d'un avis différent de ce Grec de Stagire. (*) On ne menaçait pas à la Chine de faire pendre les jeunes lettrés qui inventeraient des nouveautés en mathématiques: mais un candidat n'aurait jamais été Mandarin s'il avait montré trop de génie, comme parmi nous un Bachelier ſuſpect d'héréſie courrait riſque de n'être pas Evêque. L'habitude & l'indolence ſe joignaient enſemble pour maintenir l'ignorance en poſſeſſion. Aujourd'hui les Chinois commencent à oſer faire uſage de leur eſprit, grace à nos mathématiciens d'Europe.

Peut-être, Monſieur, avez-vous trop mépriſé cette antique nation; peut-être l'ai-je trop exaltée: ne pourrions-nous pas nous rapprocher ?

*Eſt virtus medium vitiorum, & utrimque
reductum.*

LETTRE VI.

Sur les diſputes des Révérends Peres Jéſuites à la Chine.

MONSIEUR,

LA guerre de Troie, Monſieur, n'eſt pas plus connue que le ſuccès des révérends peres Jéſuites à la Chine, & leurs tribulations. Je

---

(*) *L'arrêt eſt de 1624.*

vous demande d'abord fi parmi toutes les nations du monde, excepté la juive, (*) il n'y
en a jamais eu une feule qui eût pu perfécuter
des gens honnêtes, prêchant avec humilité un
Dieu & la vertu, fecourant les pauvres fans
offenfer les riches, béniffant les peuples & les
Rois? Je foutiens que chez les anthropophages
de tels miffionnaires feraient accueillis le plus
gracieufement du monde.

Si à la modeftie, au défintéreffement, à cette vertu de la charité que Ciceron appelle *Ca-*
ritas humani generis, ils joignent une connaif-
fance profonde des beaux-arts & des arts utiles,
s'ils vous apprennent à pefer l'air, à marquer fes
degrès du froid & de chaud, à mefurer la terre & les cieux, à prédire jufte toutes les éclipfes pour des milliers de fiecles, enfin à rétablir
votre fanté avec une écorce qu'ils ont appor-
tée du nouveau monde aux extrémités de l'ancien; alors ne fe jette-t-on pas à genoux devant eux, ne les prend-on pas pour des divi-
nités bienfefantes?

Si, après s'être montrés quelque temps fous
cette forme heureufe, ils font chaffés des quatre
parties du monde, n'eft-ce pas une grande pro-
babilité

_____

(*) *Le Deuteronome des Juifs*, Chap. XIII. *dit :* fi un Prophe-
te vous fait des prédictions, & fi ces prédictions s'accomplif-
fent, & s'il vous dit, fervons le Dieu d'un autre peuple...
& fi votre frere, ou votre fils, ou votre chere femme vous
en dit autant, tuez-les auffitôt. *Leclerc foutient que Dieux*
d'un autre peuple, Dieux étrangers, Dii alieni, *ne fignifie que*
Dieu d'un autre nom; que le Dieu créateur du ciel & de la terre
était par-tout le même, & qu'on doit entendre par Dii alieni,
Dieux fecondaires, Dieux locaux, demi-Dieux, anges, puiffances
étriennes, &c.

babilité que leur orgueil a par-tout révolté
l'orgueil des autres, que leur ambition a ré-
veillé l'ambition de leurs rivaux, que leur
fanatisme a enseigné au fanatisme à les perdre?

Il est évident que si les clercs de la brillan-
te église de Nicomédie n'avaient pas pris que-
relle avec les valets de pied du César Galérius,
& si un enthousiaste insolent n'avait pas déchiré l'édit de Dioclétien protecteur des Chrétiens, jamais cet Empereur, jusque-là si bon,
& mari d'une Chrétienne, n'aurait permis la
persécution qui éclata les deux dernieres années de son regne; persécution que nos ridicules copistes de légende ont tant exagérée.
Soyez tranquille & on vous laissera tranquille.

Duhalde rapporte, dans sa collection des
mémoires de la Chine, un billet du bon Empereur Cam-hi aux Jésuites de Pekin, lequel
peut donner beaucoup à penser; le voici. (*)

Billet singulier de l'Empereur Cam-hi aux Jésuites.

„ L'Empereur est surpris de vous voir si
„ entêtés de vos idées. Pourquoi vous occu-
„ per si fort d'un monde où vous n'êtes pas
„ encore? Jouissez-du temps présent. Votre
„ Dieu se met bien en peine de vos soins!
„ n'est-il pas assez puissant pour se faire justi-
„ ce sans que vous vous en mêliez? ”

Il paraît par ce billet que les Jésuites se mê-
laient un peu de tout à Pekin comme ailleurs.

(*) Tome 3 de la collection de Duhalde pag. 129.

Plufieurs d'entr'eux étaient parvenus à être
Mandarins; & les Mandarins chinois étaient
jaloux. Les freres Prêcheurs & les freres Mineurs
étaient plus jaloux encore. N'était-ce pas une
chofe plaifante de voir nos moines difputer hum-
blement les premieres dignités de ce vafte Empire? Ne fut-il pas encore plus fingulier que le
Pape envoyât des Evêques dans ce pays, qu'il
partegeât déjà la Chine en Diocefes, fans que
l'Empereur en fût rien, & qu'il y dépêchât des
Légats pour juger qui favait le mieux le Chinois, des Jéfuites, ou des Capucins, ou de
l'Empereur.

Le comble de l'extravagance était fans doute,
(& on l'a déjà dit affez) que les Millionnaires, qui venaient tous enfeigner la vérité, fuffent
tous divifés entr'eux, & s'accufaffent récipro-
quement des plus puants menfonges. Il y avait
bien un autre danger : ces Millionnaires avaient
été dans le Japon la malheureufe caufe d'une
guerre civile, dans laquelle on avait égorgé
plus de trente mille hommes en l'an de grace
1638. Bientôt les Tribunaux chinois rappel-
lerent cette horrible avanture à l'Empereur
Yont-chin fils de Cam-hi, & pere de Kien-
long l'auteur du poëme de Moukden. Tous
les prédicateurs d'Europe furent chaffés avec
bonté par le fage Yont-chin en 1724 (*). La

(*) *Rien n'eft plus connu aujourd'hui que le difcours admirable
de cet Empereur aux Jéfuites en les chaffant.* Que diriez-
vous fi j'envoyais une troupe de Bonzes & de Lamas
dans votre pays pour y prêcher leurs dogmes ? - - - -
Les mauvais dogmes font ceux qui, fous prétexte d'enfeigner la vertu, foufflent la difcorde & la révolte. Vous

Cour ne garda que deux ou trois mathématiciens, parce que d'ordinaire ce ne font pas ces
gens-là qui bouleverfent le monde par des ar-
guments théologiques.

Mais, Monfieur, fi les Chinois aiment tant
les bons Mathématiciens, pourquoi ne le font-
ils pas devenus eux-mêmes? pourquoi, ayant vu
nos éphémérides, ne fe font-ils pas avifés d'en
faire? pourquoi font-ils toujours obligés de s'en
rapporter à nous? Le gouvernement met toujours fa gloire à faire recevoir fes almanacs
par fes voifins; & il ne fait pas encore en faire! Ce ridicule honteux n'eft-il pas l'effet de
leur éducation? Les Chinois apprennent longtemps à lire & à écrire, & à répéter des leçons
de morale; aucun d'eux n'apprend de bonne
heure les mathématiques. On peut parvenir à fe
bien conduire foi-même, à bien gouverner les
autres, à maintenir une excellente police, à
faire fleurir tous les arts, fans connaître la table des finus & les logarithmes. Il n'y a peut-
être pas un Secretaire d'Etat en Europe qui
fût prédire une éclipfe. Les lettrés de la Chine n'en favent pas plus que nos Miniftres &
que nos Rois.

voulez que tous les Chinois fe faffent Chrétiens; je le
le fais bien: alors que deviendrons-nous? les fujets de vos
Rois comme l'Ile de Manille. Mon pere a perdu beaucoup de fa réputation chez les lettrés, en fe fiant trop
à vous. Vous avez trompé mon pere; n'efpérez pas me
tromper de-même. *Après ce difcours févere & paternel, l'Em-*
pereur renvoya tous les convertiffeurs, en leur fourniffant de l'ar-
gent, des vivres & des efcortes, qui les défendirent des fureurs de
tout un peuple déchaîné contre eux: il n'y eut point de dragonade.
Voyez le 17e vol. des Lettres curieufes & édifiantes.

Vous croyez que ce défaut vient des têtes chinoises encore plus que de leur éducation. Vous semblez penser que ce peuple n'est fait pour réussir que dans les choses faciles; mais qui fait si le temps ne viendra pas où les Chinois auront des Cassini & des Newton? Il ne faut qu'un homme, ou plutôt qu'une femme. Voyez ce qu'ont fait de nos jours Pierre I. & Catherine seconde.

L E T T R E   VII.

Sur la fantaisie qu'ont eu quelques Savants d'Europe de faire descendre les Chinois des Egyptiens.

JE voudrais, Monsieur, dompter ma curiosité, n'ayant pu la satisfaire. J'ai vu chez mon pere, qui est négotiant, plusieurs marchands, facteurs, patrons de navires, & aumôniers de vaisseaux qui revenaient de la Chine, & qui ne m'en ont pas plus appris que s'ils débarquaient du coche d'Auxerre. Un Commissionnaire qui avait séjourné vingt ans à Canton, m'a seulement confirmé que les marchands y sont très-méprisés, quoique dans la ville la plus commerçante de l'Empire. Il avait été témoin qu'un officier Tartare, très-curieux des nouvelles de l'Europe, n'avait jamais osé donner à dîner dans Canton à un Officier de notre compagnie des Indes, parce qu'il servait des marchands. Le capitaine Tar, tare avait peur de fe compromettre: il ne fe familiarifa jufqu'à dîner avec ce Capitaine français qu'à fa maifon de campagne. Je foupçonne, par parenthefe, que ce mépris pour une profeffion fi utile eft la fource de la fripponnerie dont on accufe les marchands chinois, & principalement les détailleurs; ils fe font payer leur humiliation. De plus, ce dédain mandarinal pour le commerce nuit beaucoup au progrès des fciences.

N'ayant rien pu favoir par nos marchands, j'ai été encore moins éclairé par nos Aumôniers, qui ont pu argumenter depuis Goa jufqu'à Borneo. Le capucin Norberg ne m'a appris autre chofe dans huit gros volumes, finon qu'il avait été perfécuté dans l'Inde par les Jéfuites, pourfuivis eux-mêmes par-tout.

Je me fuis adreffé à des Savants de Paris qui n'étaient jamais fortis de chez eux: ceux-là n'ont fait aucune difficulté de m'expliquer le fecret de l'origine des Chinois, des Indiens & de tous les autres peuples. Ils le favaient par les mémoires de Sem, Cam & Japhet. L'Evêque d'Avranche Huet, l'un de nos plus laborieux écrivains, fut le premier qui imagina que les Egyptiens avaient peuplé l'Inde & la Chine: mais comme il avait imaginé auffi que Moïfe était Bacchus, Adonis & Priape, fon fyftême ne perfuada perfonne.

Mairan, Secrétaire de l'Académie des fciences, crut entrevoir avec les lunettes d'Huet une grande conformité entre les fciences, les ufages, les mœurs & même les vifages des Egyptiens & des Chinois. Il fe figura que Séfoftris avait pu fonder des colonies à Pékin & à Delhi,

Le pere Parenin lui écrivit de la Chine u-
ne grande lettre aussi ingénieuse que savante,
qui dut le désabuser (*).

D'autres Savants ont travaillé ensuite à trans-
planter l'Egypte à la Chine. Ils ont commencé par établir qu'on pouvait trouver quelque
ressemblance entre d'anciens caracteres de la
langue phénicienne ou syriaque & ceux de
l'ancienne Egypte, en y fesant les change-
ments requis ; il ne leur a pas été difficile de
travestir ensuite ces caracteres égyptiens en
chinois. Cela fait, ils ont composé des anagrammes avec les noms des premiers Rois de
la Chine. Par ces anagrammes ils ont reconnu que le Roi chinois *Yu* est évidemment le
Roi d'Egypte *Ménès*, en changeant seulement
Y en *Mé*, & *u* en *nès* : Ki est devenu Athoès:
Kang a été transformé en Diabiès; & encore
Diabiès est-il un mot grec. On sait assez que
les Athéniens donnerent des terminaisons grec-
ques aux mots égyptiens. Il n'y a pas eu plus de
Diabiès en Egypte que des Memphis & d'Hé-
liopolis ; Memphis s'appellait *Moph*, Héliopo-
lis s'appellait *On*. C'est ainsi que dans la suite des siecles ces Grecs s'aviserent de donner
le nom de Crocodilopolis à la ville d'Arsi-
noë. Tout cela serait renoncer à la généalogie
des noms & des hommes. Enfin il ne paraît
pas que les Chinois soient venus d'Egypte
plutôt que de Romorantin.

Je ne pense pas pourtant qu'il fût honteux

(*) *Imprimée à la tête du 26e Tome des Lettres curieuses &
édifiantes.*

à la Chine d'avoir l'Egypte pour ayeule. La
Chine est, à la vérité, neuf fois (*) aussi
grande que sa prétendue grand'mere : & même
on peut dire que l'Egypte n'est pas d'une race
fort ancienne ; car pour qu'elle figurât un peu
dans le monde, il fallait des temps infinis ;
elle n'aurait jamais eu de bled si elle n'avait
eu l'adresse de creuser les canaux qui reçurent
les eaux du Nil. Elle s'est rendue fameuse par
ses pyramides, quoiqu'elles n'eussent guere,
selon Platon dans sa République (**), plus de
dix mille ans d'antiquité. Enfin on ne juge
pas toujours des peuples par leur grandeur &
leur puissance. Athênes a été presque égale à
l'Empire Romain aux yeux des philosophes.
Mais malgré toute la splendeur dont l'Egypte
a brillé, sur-tout sous la plume de l'Evêque
Bossuet, qu'il me soit permis de préférer un
peuple adorateur pendant quatre mille ans du
Dieu du ciel & de la terre, à un peuple qui
se prosternait devant des bœufs, des chats &
des crocodiles, & qui finit par aller dire la
bonne avanture à Rome, & par voler des pou-
les au nom d'Isis.

Vous avez vaillamment combattu ceux qui ont
voulu faire passer ces Egyptiens pour les peres
des Chinois, *laudo vos*. Mais si vous regardez encore les Chinois avec mépris, *in hoc non laudo*.

(*) *Je compte l'Egypte trois fois moins étendue que la France,
& la France six fois moins que la Chine. Ces mesures ne con-
tredisent point celles de Mr. Danville, qui n'a considéré que le
terrain cultivable de l'Egypte. Voyez son Egypte ancienne & moderne.*

(**) *Voyez Platon au Livre II. de sa République.*

LETTRE VIII.

Sur les dix anciennes Tribus Juives qu'on dit être à la Chine.

JE gourmande toujours inutilement cette curiosité infatiable & inutile. Si on m'apprend quelques vérités fur un coin des quatre parties du monde, je me dis à quoi ces vérités me ferviront-elles? fi on m'accable de menfonges, comme cela m'arrive tous les jours, je gémis, & je fuis près de me mettre en colere.

Bénis foient les Chinois, Monfieur, qui ne s'informent jamais de ce qui fe paffe hors de chez eux. Mr. Gervais a bien raifon de remarquer que l'Empereur n'a point fait fon poëme pour nous, mais feulement pour fes chers Tartares & pour fes chers Chinois. Un Littérateur de notre pays a écrit à fa Majefté Chinoife fur le danger qu'elle courait à Paris d'effuyer un requifitoire & un monitoire au fujet de fon poëme. L'Empereur ne lui a pas répondu; & il a bien fait.

Que chacun faffe chez lui comme il l'entend. C'eft ce qu'apprit à fes dépens mon pere le marchand Jean du Chemin, qui n'était pas riche. Il lui en couta deux mille écus pour avoir été curieux lorfqu'il commerçait à Quanton ou Canton.

Vous avez entendu parler du Révérend pere Gozzani (*), auquel le Révérend pere Jofeph

---

(*) Voyez la lettre du frere Gozzani au 7me. Recueil des Lettres intitulées édifiantes & curieufes.

Suarez recommanda en 1707 d'aller visiter leurs freres les Juifs des dix tribus transplantées dans le pays de Gog & de Magog par Salmanazar l'an 717 avant notre Ere latine, juste du temps de Romulus.

Le Révérend pere Gozzani, qui était fort zélé, & qui n'avait pas un écu, alla trouver mon pere Jean du Chemin, qui n'était pas riche. Venez avec moi, lui dit-il, & défrayez-moi pour l'amour de Dieu, dans le voyage que Pere Suarez m'ordonne de la part du Pape de faire à Caï-foum-fou dans la province de Ho-nan, qui n'est pas loin d'ici. Vous aurez l'a-vantage de voir les dix tribus d'Ifraël, chaf-fées par Salmanazar, il y a deux mille qua-tre cents vingt-quatre ans, de l'admirable pays de Judée. Elles regnent dans la province de Honan; elles reviendront à la fin du monde dans la terre promise, avec les deux autres tribus Juda & Benjamin, pour combattre l'an-te-chrift & pour juger le genre humain: elles nous recevront à bras ouverts; & vous ferez une fortune immense avant que vous foyez jugé. Mon pere crut ce Gozzani; il acheta des chevaux, une voiture, des habits magnifiques pour paraître décemment devant les princes des tribus de Gad, Nephtali, Zabulon, Iffachar, Afer & autres, qui régnaient dans Caï-foum-fou capitale de Honan; il défraya fplendide-ment fon Jéfuite. Quand ils furent arrivés dans le royaume des dix tribus, ils furent en effet introduits dans la fynagogue où le fanhédrin s'affemblait: c'était une douzaine de gueux qui vendaient des haillons. Le voyage avait coûté à mon pere deux mille écus de cinq livres qu'on

appelle Taëls à la Chine; & les Gad, Nephtali, Zabulon, Iſſachar & Aſer lui volerent le
reſte de ſon argent.

Frere Gozzani, pour le conſoler, lui prouva
que les gens des tribus chaſſées depuis deux mille quatre cents vint-quatre ans par Salmanazar de leur royaume d'Iſraël, qui avait bien
quinze lieues de long ſur huit de large, furent
d'abord enchaînés deux à deux comme des galé-
riens par l'ordre de Salmanazar roi de Chaldée;
qu'ils furent conduits à coups de fourche de Sama-
rie à Sichem, de Sichem à Damas, de Damas à
Alep, d'Alep à Erzerum; que dans la ſuite des
temps cette grande partie du peuple chéri s'avança
vers Erivan; que bientôt après elle marcha au
ſud de la mer d'Hircanie, vulgairement la mer
Caſpienne; qu'elle planta ſes pavillons dans le
Guilan, dans le Tabéiſtan; qu'elle vécut longtemps de cailles dans le grand déſert ſalé,
ſelon ſon ancienne coutume; & qu'enfin, de
déſerts en déſerts & de bénédictions en bénédictions, les dix tribus fonderent le royaume
de Caï-foum-fou, dont ils ne reviendront que
pour conduire les nations dans la voie droite. (*) Cette doctrine conſola fort mon pere,
mais ne le dédommagea pas.

J'avais dans ce temps-là même un couſin
germain bachelier de Sorbonne. Il ſe chargea

(*) On peut conſulter ſur une partie de ces belles choſes un
Profeſſeur émérite du collége Dupleſſis à Paris, lequel a fait
parler fort ſavamment Meſſieurs les Juifs Jonathan, Mathataï,
& Winker. On peut voir auſſi la réponſe à ces Meſſieurs, article Juif, tome V. des Queſtions ſur l'Encyclopédie, nouvelle
édition.

de faire le panégyrique des six corps des marchands : la sacrée faculté y trouva des propositions mal-sonantes, hérétiques, sentant l'hé-
résie ; ce qui lui fit une affaire très-sérieuse.

Ces avantures, & d'autres pareilles, firent
connaître à la famille qu'elle ne devait jamais
se mêler de affaires d'autrui, qu'il fallait renoncer à la prose soutenue comme aux vers
alexandrins, & qu'enfin, rien n'était plus dangereux que de vouloir briller dans le monde.

En effet, quand le pere Castel fit une brochure pour rassurer *l'univers*, & une autre brochure pour instruire *l'univers*, les honnêtes gens
en rirent & l'univers n'en sut rien. C'est bien
pis que si l'univers avait ri. Tout cela était
un avertissement de me taire.

Vous pourrez me dire, Monsieur, que l'Empereur Kien-long a pourtant voulu instruire une
grande partie du globe en vers Tartares, & que
tous les lettrés de la Chine ont été à ses pieds.
Vous ajouterez encore qu'il a fait imprimer u-
ne chanson sur le thé (*), & qu'il n'y a point
de Dame depuis Pékin jusqu'à Canton qui
n'ait chanté la chanson de son maître en dé-
jeûnant. Mais s'il est permis à un Empereur
d'être bon poëte, un particulier risque trop.
Il ne faut point se publier. Cachons-nous en
vers & en prose. Il vous appartient, Monsieur,
de paraître au grand jour ; mais ne montrez
pas mes lettres.

_____

(*) *Cette chanson à boire est traduite par le pere Amiot,*
& imprimée à la suite du poëme de Moukden. C'est une chan-
son fort différente des nôtres : elle ne respire que la sobriété &
la morale. Les chansonniers du bas étage, les seuls qui nous
restent, n'en seroient pas contents.

LETTRE IX.

Sur un Livre des Bracmanes, le plus ancien qui soit au monde.

NE parlons plus, Monsieur, du poëme de l'Empereur de la Chine, quelque beau qu'il puisse être. J'ai à vous entretenir d'un ouvrage cent fois plus poëtique, & beaucoup plus ancien, fait autrefois dans l'Inde, & qui ne commence que de nos jours à être connu en Europe: c'est le Shasta-bad, le plus ancien livre de l'Indostan & du monde entier, écrit dans la langue sacrée du Hanscrit il y a près de cinq mille ans. C'est bien autre chose que les Yking ou les Yquim chinois, qui ne sont que des lignes droites où personne n'a jamais rien compris. Deux gentilshommes Anglais, qui ont tous deux pendant plus de vingt ans étudié la langue sacrée dans le Bengale, langue connue seulement de quelques savants Brames, se sont donné la peine de lire & de traduire les morceaux les plus précieux de ce Shasta-bad. L'un est Mr. Holwell, longtemps Vice-Gouverneur du principal établissement Anglais sur le Gange; l'autre Mr. Dow Colonel dans l'armée de la Compagnie. J'avoue, Monsieur, que notre Compagnie Française ne s'est pas donnée de pareils soins, & qu'elle n'a été ni si savante ni si heureuse.

L'antiquité du Shasta-bad fait voir évidemment, que les Bracmanes précédèrent de plusieurs siècles les Chinois, qui précèdent le reste des hommes. Ce qui surprend, ce n'est pas que ce livre foit fi ancien, c'eft qu'il foit écrit dans le ftyle dont Platon écrivait en Grece plus de deux mille ans après l'auteur Indien.

Vous connaiffez ce Shafta-bad, fans doute ; mais permettez-moi de vous en repréfenter ici les principaux traits : vous verrez qu'ils n'ont été connus d'aucuns de nos Millionnaires. Chacun d'eux nous a conté ce qu'il entendait dire (& encore très-difficilement) dans la province où il féjourna peu de temps. Toutes ces provinces ont des idiomes & des catéchifmes différents. Suppofé que des Indiens fuffent affez défœuvrés, affez inquiets, affez déterminés pour venir en Europe s'informer de nos dogmes & nous inftruire des leurs, ils verraient à Pétersbourg l'églife grecque qui differe de la romaine ; en Suede, en Danemarc, l'églife évangelique ou luthérienne, qui ne reffemble ni à la romaine ni à la grecque ; en Pruffe une autre religion. Il ferait bien difficile à ces Indiens de fe faire une idée nette de l'origine du Chriftianifme. Mrs. Holwell & Dow ont puifé à la fource du Bracmanifme ; & on verra que cette fource eft celle des croyances qui ont regné le plus ancienement fur notre hémifphere, & même à la Chine, où la métempfycofe Indienne eft encore reçue chez le peuple, quoique méprifée chez les lettrés & dans tous les tribunaux.

Voici le commencement du plus fingulier de tous les livres (*).

_____

(*) Nous en avons déjà quelques extraits en Français dans un abrégé de l'Hiftoire de l'Inde, imprimé avec le procès mémorable du Général Lally.

Commencement du Shasta-bad.

„ Dieu est un, créateur de tout, fphere uni-
„ verfelle, fans commencement, fans fin. Dieu
„ gouverne toute la création par une providen-
„ ce générale, réfultante de fes éternels def-
„ feins. ═══ Ne recherche point l'effence & la
„ nature de l'Eternel, qui eft un ; ta recherche
„ ferait vaine & coupable. C'eft affez que jour
„ par jour, & nuit par nuit, tu adores fon pou-
„ voir, fa fageffe & fa bonté dans fes ouvrages ''.

J'avais dit tout à l'heure que le Shasta-bad
était digne de Platon ; je me retracte, Platon
n'eft pas digne du Shasta-bad. Continuons.

„ L'Eternel voulut, dans la plénitude du
„ temps, communiquer de fon effence & de fa
„ fplendeur à des êtres capables de la fentir.
„ Ils n'étaient pas encore ; (*) l'Eternel vou-
„ lut, & ils furent. Il créa Birma, Vitfnou
„ & Sib. ''

On voit enfuite comment Dieu forma d'autres fubftances nombreufes fubordonnées à
ces trois premieres participantes de fa propre
nature, & dominatrices avec lui. Ces puiffances fubordonnées, & d'un ordre inférieur,
avaient à leur tête un génie célefte que l'on
nomme Moifazor. Tous ces noms expriment
dans la langue du Hanfcrit des perfections différentes : ces perfections diverfes & cette fub-
ordination produifirent dans les globes, dont
Dieu a rempli l'efpace, une harmonie & une
félicité conftante pendant plufieurs fiecles.

─────────────────────────────

(*) *N'eft-ce pas là le vrai fublime?*

Il eſt clair que ces idées, toutes ſublimes qu'elles peuvent être, ne ſont cependant qu'une image d'un bon gouvernement parmi les hommes : c'eſt le terreſtre épuré & tranſporté au Ciel : c'eſt encore ce que Platon a tant imité.

Diſcorde dans le Ciel.

Enfin l'envie & l'ambition ſe ſaiſiſſent du cœur de Moiſazor & de ſes compagnons : ils joignent les imperfections aux perfections ; ils pervertiſſent l'ouvrage de l'Eternel ; ils ſe révoltent contre les trois êtres ſupérieurs tirés de ſa ſubſtance divine : la diſcorde ſuccede à l'harmonie ; le ciel ſe diviſe ; les génies fideles, qui ont conſervé la perfection, ſe déclarent contre les génies infideles, qui ont choiſi l'imperfection : l'Eternel précipite Moiſazor & les autres ſubſtances imparfaites & révoltées dans le globe des ténebres nommé l'Ondéra.

Voilà probablement l'origine de la guerre des Titans contre les Dieux en Egypte, de la deſtruction de Typhon, de la punition de Typhée & d'Encelade enchaînés par les Grecs en Sicile (*) ſous le mont Etna. Un autre aurait dit, *Voilà infailliblement*, au lieu de *voilà probablement* ; car on ſait que, dès qu'un beau conte eſt inventé par une nation, il eſt vite copié par une autre : l'avanture d'Amphitryon & de Soſie eſt originairement de l'Inde ; on l'a déjà remarqué ailleurs.

Si on oſait, on obſerverait encore que cette

(*) *Voyez l'abrégé de l'hiſtoire de l'Inde, à la ſuite de la cataſtrophe du Général Lally.*

hiſtoire, ou cette théogonie, ou cette allégorie, parvint juſqu'aux Juiſs vers les temps d'Arche-laüs & d'Agrippa ; car c'eſt alors qu'il parut un livre Juiſ ſous le nom d'Enoch, dans lequel il était fait mention de la revolte & de la chûte des anges. On nous a conſervé quelqes paſſages de ce livre attribué à Enoch *ſeptieme homme aprés Adam*. On y trouve que deux cents anges principaux, ayant l'archange Sémexias à leur tête, ſe liguerent enſemble ſur le mont Hermon pour aller voler les hommes, & pour violer des filles. Le Seigneur ordonna à Michaël de lier le Capitaine Sémexias, & à Gabriel de lier Azazel le Lieutenant: ils furent jetés avec leurs ſoldats dans le lieu d'obſcurité, comme y avaient été jetés les génies déſobéiſſants du Schaſta-bad. C'eſt même à cette chûte des anges, rapportée dans le livre d'Enoch, que l'apôtre St Jude fait alluſion quand il dit dans ſon Epître, chapitre premier, qu'Enoch, *ſeptieme homme aprés Adam, prophétiſa ſur ces étoiles errantes auxquelles une tempête noire eſt réſervée pour l'éternité.* (*) Il dit dans ce chapitre, *que ces anges ſont liés de chaînes à tout jamais;* (*) *quoique l'archange Michaël n'oſât maudire le diable en lui diſputant le corps de Moiſe.*

C'eſt au Pere Calmet de notre Congrégation d'expliquer ces myſteres ; c'eſt à lui ſeul de montrer comment la chûte des anges n'avait été annoncée chez nous que dans un livre apocryphe: je dois me borner à vous dire que cette

_____

(*) †. 13.
(**) †. 6, 9

cette chûte était articulée depuis des siecles dans le Shasta-bad des anciens Bracmanes.

Vous savez, Monsieur, qu'il y a dans ce temps-ci des doctes qui raisonnent ; ce qui n'était pas autrefois si commun : vous savez que parmi nos doctes raisonneurs modernes il s'en trouve quelques-uns d'assez téméraires pour oser croire que le berceau du Christianisme fût dans l'Inde il y a cinq mille ans à peu près ; & voici comme ils tâchent d'argumenter. L'origine de tout, disent-ils, selon nous & selon les Indiens, c'est le diable. Car nous disons que le diable s'étant révolté dans le Ciel avant qu'il y eût des hommes sur la terre, & ayant été mis en enfer, il en sortit pour venir tenter nos premiers parents dès qu'il sut qu'ils existaient. Il fut la cause du péché originel ; & ce péché originel fut la cause de tout ce qui est arrivé depuis : donc le diable est la cause de tout. Mais puisqu'il n'est question, dans aucun endroit de la Genese, ni du diable, ni de son enfer, ni de son voyage sur la terre ; il est évident que tout cette théologie est tirée de la théologie des anciens Bracmanes, qui seuls avaient écrit l'histoire du diable sous le nom de Mosasor. Ce Moisasor avait commencé par être favori de Dieu ; puis avait été damné ; puis était venu sur la terre.

Nos Commentateurs firent de ce diable chassé du ciel un serpent ; ensuite ils en firent Sathan, Belphégor, Belzébuth, &c. Ils ont fini par l'appeller *Lucifer*, d'un mot latin qui veut dire l'étoile de Venus.

Et pourquoi ont-ils appellé le diable étoile de Venus ? c'est que dans un ancien écrit Juif

(Efaïe) on a déterré un paffage traduit en latin.
Ce paffage regarde la mort d'un Roi de Babylone, de qui les Juifs avaient été efclaves. Les
Juifs fe réjouiffaient d'avoir perdu ce monarque,
comme fait le peuple prefque par-tout à la mort
de fon maître. L'auteur exhorte le peuple à fe
moquer de ce Roi Babylonien qu'on vient
d'enterrer.

„ Allons, dit-il, chantez une parabole con-
„ tre le Roi de Babylone. Dites : que font de-
„ venus fes employés des gabelles ? que font de-
„ venus les bureaux de ces gabelles ? Le Sei-
„ gneur a brifé le fceptre des impies & les ver-
„ ges des dominateurs : la terre eft maintenant
„ tranquille & en filence ; elle eft dans la joie.
„ Les cedres & les fapins, ô Roi ! fe réjouiffent
„ de ta mort. Ils ont dit : depuis que tu es en-
„ terré perfonne n'eft plus venu nous couper
„ & nous abattre. Tout le fouterrain s'eft ému
„ à ton arrivée ; les géants, les princes, fe font
„ levés de leur trône ; ils difent : te voilà donc
„ percé comme nous ; te voilà femblable à nous ;
„ ton orgueil eft tombé dans les fouterrains avec
„ ton cadavre. Comment es-tu tombée du ciel,
„ étoile du matin, étoile de Venus, Lucifer,
„ (en fyriaque Hellel) ? comment es-tu tombée
„ en terre, toi qui frappais les nations ? &c.

Cette parabole eft fort longue. Il a plu aux
commentateurs d'entendre littéralement cette
allégorie, comme il leur a plu d'expliquer allé-
goriquement le fens littéral de cent autres paffages. C'eft ainfi que, notre faint François de
Paule ayant fondé les Minimes, on prêcha en
Italie que fon Ordre était prédit dans la Genefe, *frater minimus cum patre noftro.* C'eft ainfi

que toute l'histoire de St. François d'Assise se
trouve mot-à- mot dans la Bible. De tout cela,
Monsieur, nos commentateurs concluent que
le serpent qui trompa notre Eve était le diable;
& les Indiens concluent que le diable était leur
Moisasor, qui fut ci-devant le premier des anges. Si on en croyait les anciens Perses, leur
Sathan serait d'une plus vieille date que notre
serpent, & approcherait presque de l'antiquité
de Moisasor. Chaque nation veut avoir son diable, comme chaque paroisse a son saint.

Je n'entre point dans ces profondeurs, je re-
marquerai seulement que le Gouverneur Holwell, après nous avoir donné une idée de ce livre si antique, & en avoir admiré le style, le
compare au Paradis perdu de Milton, *à cela près*
dit-il, *que Milton a été entraîné par son génie*
inventif & ingouvernable à semer dans son poëme
des scenes trop grossieres, trop bouffonnes, trop
opposées aux sentimens qu'on doit avoir de l'Etre
suprême. (*)

Poursuivons l'histoire de l'ancienne loi Indienne. Dieu pardonne après plusieurs milliers
de siecles aux génies délinquents; il crée la terre comme un séjour d'épreuve, pour leur donner lieu d'expier leurs crimes: il les fait passer
par plusieurs métamorphoses.

Origine du respect pour les vaches.

D'abord ils sont vaches, afin que lorsqu'ils
seront hommes ils aprennent à ne point tuer

(*) *Page* 64, *2e édition.*

leurs nourrices, & à ne pas manger leurs peres
nourriciers : c'est ce qui établit cette doctrine de
la métempsycose, & cette abstinence rigoureuse
de tout être à qui Dieu a donné la vie ; doctrine que Pythagore embrassa dans l'Inde, & qu'il
ne put faire recevoir à Crotone.

Origine du fanatisme qui engage les Veuves à se brûler depuis environ cinq mille ans.

Quand ces génies célestes & punis ont subi
plusieurs métamorphoses sans commettre des crimes, ils retournent enfin avec leurs femmes dans
le Ciel leur premiere patrie ; & c'est pour ac-
compagner leurs époux dans le Ciel que tant de
femmes se brûlerent & se brûlent encore sur le
corps de leurs maris : piété ancienne autant qu'af-
freuse, qui nous montre à quel excès de faiblesse la superstition peut réduire l'esprit humain,
& à quelle grandeur elle peut élever le courage.
Cicéron dit dans ses Tusculanes, que cette coutume subsistait de son temps dans toute sa force. Il s'en effraie, & il l'admire.

Monsieur Holwell a vu dans son gouvernement, en 1743, la plus belle femme de l'Inde,
âgée de dix-huit ans, résister aux prieres & aux
larmes de Myladi Russell femme de l'Amiral
Anglais, qui la conjurait d'avoir pitié d'elle-
même & de deux enfants charmants qu'elle allait laisser orphelins. Elle répondit à Madame
Russell : Dieu les a fait naître, Dieu en prendra
soin. Elle s'étendit sur le bûcher, & y mit le
feu elle-même avec autant de sérénité que des
dévotes prennent le voile parmi nous.

Il ajoute qu'un Anglais nommé Charnoc,

étant témoin du même épouvantable facrifice
d'une jeune Indienne très-belle, defcendit malgré les prêtres dans la foffe du bûcher, arracha
du milieu des flammes cette victime, qui criait
au ravifſeur & à l'impie; qu'il eut une peine extrême à l'appaifer; qu'enfin il l'époufa; mais
qu'il fut regardé par tout le peuple comme un
monftre.

Les quatre âges.

Les Bracmanes eurent un autre dogme, qui
a fait plus de fortune dans tout notre Occident;
c'eft celui de nos quatre âges du monde fi bien
chantés par Ovide, & qui figurent toujours dans
ros opéra & dans nos tableaux. Le premier âge
de la création de la terre, pour fauver les ames
de l'enfer, fut de trois millions deux cents mille de nos années, ci 3200000
Le fecond fut de . . . 1600000
Le troifieme de . . . 800000
Le quatrieme, où nous
fommes, eft de 400000

Ainfi tout va toujours en diminuant & en
empirant dans ce monde; mais nous fommes
plus difcrets que les Bracmanes : nos âges ne font
pas fi longs. Les Indiens appellent ces âges *Io-
gues*; c'eft dans le préfent Iogue qu'un Roi des
bords du Gange nommé Brama écrivit dans la
langue facrée le facré Shafta-bad, il n'y a gueres que cinq mille années : mais il ne s'écoula
pas quinze fiecles qu'un autre Bracmane, qui
pourtant n'était pas Roi, donna une loi nouvelle du Veïdam. Je lui en demande bien pardon;
ce Veïdam eft le plus ennuyeux fatras que j'aie
jamais lu. Figurez-vous la légende dorée, les

conformités de faint François, les exercices fpi-
rituels de faint Ignace, & les fermons de Me-
not joints enfemble; vous n'aurez encore qu'u-
ne idée très-imparfaite des impertinences du
Veïdam.

L'Ezourveïdam eft tout autre chofe. C'eft
l'ouvrage d'un vrai Sage, qui s'éleve avec force contre toutes les fottifes des Bracmanes de
fon temps. Cet Ezourveïdam fut écrit quelque
temps avant l'invafion d'Alexandre: c'eft une
difpute de la philofophie contre la théologie Indienne; mais je parie que l'Ezourveïdam (*)
n'a aucun crédit dans fon pays,& que le Veïdam y paffe pour un livre célefte.

L E T T R E X.

Sur le Paradis terreftre de l'Inde.

CE n'eft pas affez, Monfieur, que deux
Anglais dans les tréfors qu'ils ont rapporté de
l'Inde, aient compté principalement cet ancien
livre de la religion des Bracmanes; ils ont encore découvert le paradis terreftre. Vous favez

(*) L'Ezourveïdam eft en effet un livre qui combat toutes les fuperftitions, & qui détruit les fables dont on déshonore la divinité:
c'eft probablement le livre que le pere Pons, Miffionnaire fur la
côte de Malabar en 1740, appelle l'Ajour-veïdam: il avait un peu
appris la langue des Brâmes modernes, mais non pas l'ancien Han-
ferit, qui eft pour eux ce qu'eft l'Iliade d'Homere pour les Grecs
d'aujourd'hui. Voyez fa lettre au pere Duhalde, dans le vingt-cin-
quieme Tome des Lettres curieufes & édifiantes.

que de grands Théologiens l'avaient placé les uns dans la Taprobane, les autres en Suede, quelques-uns même dans la Lune; mais il est réellement sur un des bras du Gange. Mr. Holwell & quelques-uns de ses amis y ont voyagé d'un bout à l'autre. (*) Ce pays peut prendre son nom de sa Capitale Bishnapor, ou Vitsnapor, où l'on adore Vitsnou fils de Dieu de temps immémorial. Il est à quelques journées de Calcuta, chef lieu de la domination Anglaise; & on le trouve marqué sur toutes les bonnes cartes des possessions de la Compagnie des Indes. Il n'est gueres qu'à neuf ou dix journées des frontieres du petit royaume de Patna. La contrée, vers la ville Anglaise de Calcuta & vers celles de Vishnapor, est arrosée des canaux du Gange qui fertilisent la terre. Tous les fruits, tous les arbres, toutes les fleurs, y sont entretenus par une fraîcheur éternelle, qui tempere les chaleurs du Tropique dont ce climat n'est pas éloigné. Le peuple y est encore plus favorisé de la nature.

Ce peuple fortuné, dit la relation, *a conservé la beauté du corps si vantée dans les anciens Bracmanes, & toute la beauté de l'ame, pureté, piété, équité, régularité, amour de tous les dévoirs. C'est-là que la liberté & la propriété sont inviolables. Là on n'entend jamais parler de vol, soit privé, soit public: dès qu'un voyageur, quel qu'il soit, a touché les limites du pays, il est sous la garde immédiate du gouvernement. On*

(*) *Voyez* interesting events relative to Bengale, *pag.* 197 & suivantes.

lui envoie des guides qui répondent de son bagage & de sa personne, sans aucun salaire. Ces guides le conduisent à la premiere station. Le premier officier du lieu le loge & le défraie, puis le remet à d'autres guides qui en prennent le même soin. Il n'a d'autre peine que de délivrer de ville en ville à ses conducteurs un certificat qu'ils ont rempli leur charge. Il est entretenu de tout dans chaque gîte pendant trois jours aux dépens de l'Etat ; & s'il tombe malade on le garde, & on lui administre tous les secours jusqu'à-ce qu'il soit guéri, sans qu'on reçoive de lui la moindre récompense.

Si ce n'est pas là le paradis terrestre, je ne sais où il peut être.

Un philosophe sera moins surpris qu'un autre homme, quand il saura que les habitants de Vishnapor descendent des anciens Bracmanes. C'est probablement ainsi que Pythagore fut reçu chez eux. Ils ont conservé depuis des siecles innombrables la simplicité & la générosité de leurs mœurs. Ajoutez à cela que cette province, presque aussi grande que la France ou l'Allemagne, a été toujours préservée du fléau de la guerre, tandis que ce fléau dévorait tout depuis Delhi & depuis les rives du Gange jusqu'aux sables de Pondichéri.

On demandera comment des peuples si doux & si vertueux n'ont pas été conquis par quelqu'un de ces voleurs de grand chemin, soit Marattes, soit Européans, soit Thamas-Kouli-Kan, soit Abdalla ? C'est qu'on ne peut pas entrer chez eux aussi facilement que le diable entra, selon Milton, dans le paradis terrestre, en sautant les murs.

Le prince, defcendant des premiers Rois Bracmanes, qui regne dans le Vishnapor, peut en
moins d'un jour inonder tout le pays : une armée ferait noyée en arrivant. Vishnapor eft
aufli bien défendu qu'Amfterdam & Venife : ces
peuples, qui n'ont jamais attaqué perfonne,
réfifteraient à l'univers entier.

Probablement quelques Français foit à Romorantin, foit à Paris, prendront ce récit pour
des contes d'Hérodote, ou pour d'autres contes.
Tout eft cependant de la plus exacte vérité. Les
témoins oculaires font à Londres.

Pourquoi n'en fait-on rien chez nous ? Pourquoi, de foixante journaux qui paraiffent tous
les mois, aucun n'a-t-il difcuté des merveilles
fi étranges ? On dit que le livre de Mr. Holwell a été traduit ; mais ces faits, jetés en paffant dans des mémoires fur les intérêts de fa
Compagnie des Indes, n'ont été remarqués en
France par perfonne. Un feul homme en a
parlé, & on n'y a pas pris garde. On n'était
occupé chez nous que de l'hiftoire parifienne
du jour. Si on a jeté les yeux un moment fur
l'Inde, ce n'a été que pour accufer de nos dés-
aftres ceux qui avaient prodigué leur fang pour
les finir. Aucun même des négociants, des commis, des employés de notre malheureufe compagnie, n'a jamais entendu parler de Vishnapor
ou Bishnapore. Ils ont été chaffés d'un climat
que pendant cinquante ans ils n'avoient pu
connaître. Le Jéfuite Lavaur, qui revint de
Pondichéri avec onze cents mille francs dans fa
caffette, ne favait pas fi Mr. Holwell & Mr.
Dow étaient au monde.

J'avoue que fi la route de Vishnapor était

auffi fréquentée que celle d'Orléans & de Lyon, l'hofpitalité y ferait moins en honneur ; c'eft une vertu qui coûte peu de chofe à ces peuples ; mais on m'avouera qu'ils exercent cette vertu quand l'occafion s'en préfente : une bonne action aifée à faire eft toujours une bonne action. Ce ferait le bonheur du genre humain que la vertu fût par-tout d'une pratique facile. La *dévotion aifée* du Pere le Moine n'était point un fi ridicule titre de livre : faudrait-il donc que la faine morale fût rebutante ?

Si les Bracmanes furent les premiers Théologiens de ce monde, ils furent auffi les premiers aftronomes. Les nuits de leur pays, qui font plus belles que nos beaux jours, dûrent néceffairement les engager à obferver les aftres. Il n'eft pas à croire que cette fcience ait été cultivée d'abord par des bergers, comme on le dit. Nous ne voyons pas que nos pâtres s'occupent beaucoup des planettes & des étoiles fixes. Probablement ceux qui gardaient les moutons en Tartarie, aux Indes, en Chaldée, n'étaient pas plus curieux que les payfans de nos contrées ; & je ne vois pas qu'il y ait jamais eu de Newton & de Halley parmi nos bergers d'Allemagne, de France, & d'Efpagne. Il faut favoir un peu de géométrie pour être même un aftronome ignorant. Les Bracmanes étaient géometres ; il eft donc de la plus grande vraifemblance que la fcience du ciel eut fon origine chez eux.

Il paraît qu'ils furent les premiers qui connurent l'obliquité de l'écliptique. Leur premiere époque aftronomique commençait à une conjonction de toutes les planetes ; & cette con-

jonction était arrivée vingt-trois mille cinq
cents & un ans avant notre Ere. Je n'exami-
ne pas s'ils fe font trompés fur cette époque;
mais je dis qu'il faut une prodigieufe fcience,
& bien des fiecles, pour être en état de fe tromper dans un tel calcul.

LETTRE XI.

Sur le grand Lama, & la métempfycofe.

APrès avoir voyagé fous vos ordres, Monfieur, en Egypte, à la Chine & aux Indes, je
veux faire un petit tour dans un coin de la
Tartarie pour vous parler du grand Lama. Je
veux bien croire qu'il y a des Tartares affez
bons pour pendre à leur cou quelques reliques
de fon derriere, en forme de grains de chape-
let: en vérité il y a dans les environs de Romorantin & dans d'autres villes des gens du
peuple qui fe parent de reliques auffi fingulie-
res: je ne vois pas que ce qui fort du derriere
d'un homme qu'on refpecte & qu'on aime,
quand il eft bien fec, bien mufqué, bien préparé, bien enchaffé dans de l'or ou de l'yvoire,
foit plus dégoûtant que tel vieux haillon qui
n'a jamais appartenu à un homme de mérite,
ou tel vieux os pourri, ou tel nombril, ou tel
prépuce, qu'on expofe encore dans plus d'un de
nos villages à l'adoration des bonnes femmes.

Mais que dans tout le Thibet on penfe qu'il
exifte un homme immortel, cela peut faire
quelque peine à un philofophe. Peut-être ce

dogme eft-il la fuite de cette recherche férieufe que des Rois de la Chine firent autrefois du breuvage de l'immortalité. Vous remarquez très-bien dans votre livre, que plus d'un Roi mourut fubitement de ce breuvage qui fefait vivre éternellement.

Il y a ce me femble dans Oléarius un très-bon conte fur Alexandre, qui chercha le breuvage d'immortalité en paffant par le Thibet lorfqu'il allait conquérir l'Inde. C'eft dommage que ce conte n'ait pas eu place dans les mille & une nuits. Mais il était trop philofophique pour ma fœur Shéhérazade. Voici donc ce qu'Oléarius lut en Perfe dans une hiftoire d'Alexandre qui n'eft pas écrite par Quinte-Curce. (*)

Alexandre, après la mort de Darah ou Darius, ayant vaincu les Tartares Usbecs, & fe trouvant de loifir, voulut boire de l'eau d'immortalité. Il fut conduit par deux freres qui en avaient bu largement, & qui vivent encore comme Hénoc & Elie. Cette fontaine eft dans une montagne du Caucafe, au fond d'une grotte ténébreufe. Les deux freres firent monter Alexandre fur une jument, dont ils attacherent le poulain à l'entrée de la caverne, afin que la mere, qui portait le Roi au milieu de ces profondes ténebres, pût revenir d'elle-même à fon petit après qu'on aurait bu.

Quand on fut arrivé à tâtons au milieu de la grotte, on vit tout d'un coup une grande clarté ; une porte d'acier brillant s'ouvre ; un

---

(*) *Voyages d'Oléarius en Mofcovie & en Perfe, page 169 & 170.*

ange en fort en fonnant de la trompette. Qui
es-tu? lui dit le héros. Je fuis Raphaël. ══
& toi? ══ moi, je fuis Alexandre. ══ Que
cherches-tu? ══ l'immortalité. ══ Tiens, lui
dit l'ange, prends ce caillou, & quand tu en
auras trouvé un autre précifément du même
poids, reviens à moi, & je te ferai boire. Alors
l'ange difparut, & les ténebres furent plus épais-
fes qu'auparavant.

Alexandre fortit de la grotte à l'aide de fa
jument, qui courut après fon poulain. Tous
les officiers, tous les valets d'Alexandre fe mirent à chercher des cailloux. On n'en trouva
point qui fût exactement d'une pefanteur égale
à celui de Raphaël; & cela fervit à prouver
cette ancienne vérité fur laquelle Leibnitz a
tant infifté depuis, qu'il eft impoflible que la
nature produife deux êtres abfolument femblables.

Enfin Alexandre prit le parti de faire ajouter une pincée de terre à fon caillou pour égaler les poids, & revint tout joyeux à fa grotte
fur fa jument. La porte d'acier s'ouvre; l'ange
reparaît; Alexandre lui montre les deux cailloux. L'ange les ayant confidérés lui dit: mon
ami, tu y as ajouté de la terre; tu m'as prouvé que tu en es formé, & que tu retourneras
à ton origine.

Il faut que depuis on ait cru dans le Thibet
qu'enfin le grand Lama avait trouvé les deux
cailloux, & la véritable recette. C'eft ainfi que
nos ancêtres crurent qu'Ogier le Danois avait
bu de la fontaine de Jouvence. C'eft ainfi qu'en
Grece on avait imaginé que l'aurore avait fait
préfent à Titon d'une éternelle vieilleffe.

Doctrine de la Métempsycose nullement ridicule.

Mais ce qui me paraît plus vraisemblable, c'est que la croyance de la métempsycose, qui passa depuis si longtemps de l'Inde en Tartarie, est l'origine de cette opinion populaire que la personne du grand Lama est immortelle.

Je vous prie de vouloir bien d'abord observer, qu'il n'est point du tout absurde de croire à la métempsycose. C'est un dogme très-faux, je l'avoue; il n'est point approuvé parmi nous; il peut être un jour déclaré hérétique; mais il n'a été jamais expressément condamné: on pouvait, ce me semble, supposer en sûreté de conscience, que Dieu le créateur de toutes les ames les fesait successivement passer dans des corps différents. Car que faire des ames tant de fœtus qui meurent en naissant, ou qui ne parviennent pas à maturité? Voilà des ames toutes neuves, qui n'ont point servi: ne seront-elles plus bonnes à rien? ne paraît-il pas très-raisonnable de leur donner d'autres corps à gouverner? ou, si vous l'aimez mieux, de les faire gouverner par d'autres corps?

Pour les ames qui ont habité des corps disgraciés, & qui ont souffert avec eux dans leur demeure, n'est-il pas encore très-raisonnable qu'après être délogés de leurs vilains étuis elles aillent en habiter de mieux faits?

Je dirais plus, il n'y a personne qui, si on lui proposait de renaître après sa mort, n'acceptât ce marché de tout son cœur: *quam velent æthere in alto!* Il paraît donc assez évident que ce système ne répugne ni au cœur humain, ni à la raison humaine.

Il est encore évident que cette doctrine ne choque point les bonnes mœurs; car une ame qui se trouvera logée dans le corps d'un homme pour soixante ou quatre-vingts ans tout au plus, devra prendre le parti d'être une ame honnête, de peur d'aller habiter après son décès le corps de quelque animal immonde & dégoûtant.

Pourquoi ce syftême ne fut-il reçu ni chez les Grecs, ni chez les Romains, ni même en Egypte, ni en Chaldée? est-ce parce qu'il n'était pas prouvé? non; car tous ces peuples étaient infatués de dogmes bien plus improbables. Il est à croire plutôt que la doctrine de la tranfmigration des ames fut rejetée parce qu'elle ne fut annoncée que par des philofophes. Dans tout pays on difputa toujours contre le philofophe, & on recourut au forcier. Pythagore eut beau dire en Italie

O genus attonitum gelidæ formidine mortis.
Quid ftyga, quid tenebras, quid numina vana
  timetis,
  Materiam vatum, falfique piacula mundi?
Morte carent animæ, femperque priore relicta
Séde, novis domibus vivunt, habitantque recepta.
Ipfe ego (nam memini) Trojani tempore belli
Panthoïdes Euphorbus eram.

Ce que du Bartas a traduit ainfi dans fon ftile naïf.

  Pauvres humains, effrayés du trépas,
Ne craignez point le ftyx & l'autre monde;
Tous vains propos dont notre fable abonde.
  Le corps périt, l'ame ne s'éteint pas,
  Elle ne fait que changer de demeure,
  Anime un corps, puis un autre fans fin.

Gardons-nous bien de penfer qu’elle meure ;
  Elle voyage, & tel fut mon deftin,
  J’étois Euphorbe à la guerre de Troie.

On laiffa dire Pythagore; on fe moqua d’Euphorbe, on fe jeta à corps perdu à la tête de Cerbere,
dans le Styx & dans l’Acheron; & l’on paya cherement des prêtres de Diane & d’Apollon, qui
vous en retiraient pour de l’argent comptant.

Les Bracmanes & les Lamas du Thibet furent
prefque les feuls qui s’en tinrent à la métempfycofe. Il arriva qu’après la mort d’un grand
Lama, celui qui briguait la fucceffion préten-
dit que l’ame du défunt était paffée dans fon
corps. Il fut élu, & il introduifit la coutume
de léguer fon ame à fon fucceffeur. Ainfi tout
grand-Lama éleve auprès de lui un jeune homme, foit fon fils, foit fon parent, foit un étranger adopté, qui prend la place du grand-Prêtre
dès que le fiege eft vacant. C’eft ainfi que
nous difons en France que le Roi ne meurt
point. C’eft-là, fi je ne me trompe, tout le
myftere. Le mort faifit le vif; & le bon peuple, qui ne voit ni les derniers moments du défunt, ni l’inftallation du fucceffeur, croit toujours que fon grand-Lama eft immortel, infaillible & impeccable.

Le pere Gerberon, qui accompagna fi fouvent l’Empereur Cam-hi dans fes parties de
chaffe en Tartarie, nous a pleinement inftruits
des précautions que ces Pontifes prenaient pour
ne point mourir. Voici ce qu’il raconte dans
une de fes lettres écrite en 1697 (*).

Le

Etrange précaution d'un grand-Lama immortel.

Le Dalaï-Lama, attaqué d'une maladie mortelle dans son palais de roseaux & de joncs au Thibet, ne pouvait laisser son sceptre & sa mître à un petit bâtard d'un an, le seul enfant qui lui restait : cette place demandait un enfant de seize ans, c'était l'âge de la majorité. Il recommanda sous peine de damnation à ses prêtres de cacher son décès pendant quinze années, & il écrivit une lettre à l'Empereur Cam-hi par laquelle *il le mettait dans la confidence, & le suppliait de protéger son fils.* Son clergé devait rendre la lettre au bout de ce temps par une ambassade solemnelle ; & cependant il était tenu de dire à tous ceux qui viendraient demander audience à sa Sainteté, qu'elle ne voyait personne & qu'elle était en retraite. On ne parlait en Tartarie & à la Chine que de cette longue retraite du Dalaï-Lama ; l'Empereur y fut trompé lui-même.

Enfin ce Monarque s'étant avancé jusqu'à la ville de Nianga auprès de la grande muraille lorsque les quinze ans étaient écoulés, l'ambassade sacerdotale parut, & la lettre fut rendue ; mais les valets des ambassadeurs avaient divulgué le mystere, & cent mille soldats qui suivaient l'Empereur dans ses chasses raillaient déjà de l'immortalité d'un homme enterré depuis quinze ans. Cam-hi dit à l'ambassade : mandez à votre maître que je lui ferai réponse dès que je serai mort. Cependant, il eût la bonté de protéger le nouvel immortel, qui avait ses seize ans accomplis ; & la canaille du

Thibet crut plus que jamais à l'éternité de son Pontife (*).

Toute cette affaire, qui se passait moitié dans ce monde-ci moitié dans l'autre, n'était donc au fond qu'une intrigue de cour. Cam-hi se-fait reconnaître un immortel, & s'en moquait: le défunt Lama avait joué la Comédie, même en mourant, & avait fait la fortune de son bâtard. Il ne faut pas croire que des hommes d'Etat soient des imbécilles parce qu'ils sont nés en Tartarie; mais le peuple pourrait bien l'être.

Je suis persuadé que si nous avions vécu du temps des adorateurs d'Isis, d'Apis & d'Anubis, nous aurions trouvé dans la Cour de Memphis autant de bon sens & de sagacité que dans les nôtres, malgré la foule des docteurs du pays payés pour pervertir ce bon sens.

Il est contradictoire, dira-t-on, que les premiers d'une nation soient sages, habiles, polis, lorsque toute la jeunesse est élevée dans la démence & dans la barbarie. Oui, cela semble incompatible; mais on a déjà remarqué que le monde ne subsiste que de contradictions.

Comment les dogmes les plus absurdes peuvent subsister chez les peuples les plus instruits.

Informez un Chinois homme d'esprit, ou un

_____

(*) *Les Ministres Claude & Jurieu ont osé comparer notre St. Pere le Pape au grand-Lama: ils ont dit qu'il n'est pas moins ridicule d'être infaillible que d'être immortel. Je pense que la comparaison n'est pas juste: car il peut être arrivé qu'un Pape à la tête d'un Concile ait décidé que les cinq propositions sont dans Jansénius, & ne se soit pas trompé; mais il ne peut être arrivé que le même Pape ne soit pas mort, lui & tout son Concile.*

Tartare de Moukden, ou un Tartare du Thibet, de certaines opinions qui ont cours dans
une grande partie de l'Europe ; ils nous prendront tous pour ces boſſus qui n'ont qu'un
œil & qu'une jambe, pour des ſinges manqués,
tels qu'ils figuraient autrefois aux quatre coins
des Cartes géographiques Chinoiſes, tous les
peuples qui n'avaient pas l'honneur d'être de
leur pays. Qu'ils viennent à Londres, à Rome ou à Paris, ils nous reſpecteront, ils
nous étudieront, ils verront que dans toutes
les ſociétés d'hommes il vient un temps où
l'eſprit, les arts & les mœurs, ſe perfection-
nent. La raiſon arrive tard, elle trouve la place priſe par la ſottiſe ; elle ne chaſſe pas l'ancienne maîtreſſe de la maiſon, mais elle vit
avec elle en la ſupportant, & peu à peu s'at-
tire toute la conſidération & tout le crédit.
C'eſt ainſi qu'on en uſe à Rome même : les
hommes d'Etat ſavent s'y plier à tout, & laiſ-
ſent la canaille ergotante dans touts ſes droits.

Voyez ces Tartares Mantcheoux qui conqui-
rent la Chine le ſiecle paſſé. Don Jean de Palafox Evêque & Viceroi du Mexique, ce violent ennemi des Jéſuites, qui pourtant n'a
pas encore été canoniſé, fut un des premiers
qui écrivit une relation de cette conquête. Il
regarde les Tartares Mantcheoux comme des
loups qui ont ravagé une partie des bergeries de
ce monde. On ne voit d'abord chez eux qu'i-
gnorance de tout bien, jointe à la rage de faire tout le mal poſſible, inſolence, perfidie,
cruauté, débauche portée à l'excès. Qu'eſt-il
arrivé ? trois Empereurs & le temps ont ſuffi
pour les rendre dignes de commenter le poëme

de Moukden, & de l'imprimer en trente-deux nouveaux caractères différents.

L'Empereur Cam-hi, grand-pere de l'Empereur poëte, avait déjà civilifé fes Tartares, non pas jufqu'à être éditeurs de poëmes, mais jufqu'à égaler les Chinois en fcience, en politeffe, en douceur de mœurs. On ne diftingue prefque plus aujourd'hui les deux nations.

Permettez-moi encore de vous dire que le pere de l'Empereur Cam-hi, tout jeune qu'il était, montrait une grande prudence en fefant couper les cheveux aux Chinois, afin que les vaincus reffemblaffent plus aux vainqueurs. Palafox, il eft vrai, nous dit, que plufieurs Chinois aimerent mieux perdre leur tête que leur chevelure, ainfi que plufieurs Ruffes fous Pierre le grand aimerent mieux perdre leur argent que leur barbe; mais enfin, tout ce qui tend à l'uniformité eft toujours très-utile. Les derniers Empereurs Tartares n'ont fait qu'un feul peuple de deux grands peuples; & ils fe font foumis, les armes à la main, aux anciennes loix Chinoifes. Une telle politique, foutenue depuis cent ans par un gouvernement équitable, vaut peut-être bien le travail affidu de calculer des Ephémérides. Les Brames d'aujourd'hui les calculent encore avec une facilité & une viteffe furprenante: mais ils vivent fous le plus funefte des gouvernements, ou plutôt des anarchies; & les Tartaro-Chinois jouiffent de toute la portion de bonheur qu'on peut goûter fur la terre.

Je conclus que politique & morale valent encore mieux que mathématique, &c. &c.

LETTRE XII.

Sur le Dante, & sur un pauvre homme nommé Martinelli.

J'Entretenais mon ami Gervais de toutes ces choses curieuses, & je lui fesais lire les lettres que j'avais écrites à Mr. Paw, à condition que Mr. Paw me donnerait ensuite la permission de les montrer à Mr. Gervais; lorsqu'il arriva deux savants d'Italie à pied, qui venaient par la route de Nevers.

L'un était Mr. Vincenzio Martinelli, maître de langue, qui avait dédié une édition du Dante à Mylord Orfort. L'autre était un bon violon. *Per tutti i santi*, dit le signor Martinelli, on est bien barbare dans la ville de Nevers par où j'ai passé: on n'y fait que des colifichets de verre, & personne n'a voulu imprimer mon Dante & mes préfaces qui sont autant de diamants.

Vous voilà bien à plaindre? lui dit Mr. Gervais: il y a quatre ans que je n'ai pu débiter dans Romorantin un exemplaire des vers d'un Empereur Chinois; & vous, qui n'êtes qu'un pauvre Italien, vous osez trouver mauvais qu'on n'imprime pas votre Dante & vos préfaces à Nevers! Qu'est-ce donc que ce Dante? C'est, dit Martinelli, le divin Dante, qui manquait de chausses au treizieme siecle, comme moi au dix-huitieme. J'ai prouvé que Bayle, qui était un ignorant sans esprit, n'avait dit que des sottises sur le Dante dans les dernieres éditions de son grand Dictionnaire *notizie spuri e difor-mi.* J'ai relancé vigoureusement un autre *cio-sò* (*) homme de lettres, qui s'est avisé de donner à ses compatriotes Français une idée des poëtes Italiens & Anglais, en traduisant quelques morceaux librement & sottement en vers d'un style de *Polichinelle,* (**) comme je le dis expressément. En un mot, je viens apprendre aux Français à vivre, à lire, & à écrire.

Le stupide orgueil d'un mercenaire, qui se croyait un homme considérable pour avoir imprimé le Dante, me causa d'abord une vive indignation. Mais j'eus bientôt quelque pitié du signor Martinelli; je me mêlai de la conversation & je lui dis.

Monsieur le maître de langues, vous ne me paraissez maître de goût ni de politesse. J'ai lu autrefois votre divin Dante; c'est un poëme très-curieux en Italie pour son antiquité. Il est le premier qui ait eu des beautés & du succès dans une langue moderne. Il y a même dans cet énorme ouvrage une trentaine de vers qui ne dépareraient pas l'Arioste: mais Monsieur Gervais sera fort étonné quand il saura que ce poëme est un voyage en enfer, en purgatoire & en paradis. Monsieur Gervais recula deux pas, & trouva le chemin un peu long.

Sachez, dis-je à mon ami Gervais, que le Dante, ayant perdu par la mort sa maîtresse Béatrice Portinari, rencontre un jour à la por-

---

(*) *Quelques gens de lettres Italiens, qui ne savent pas vivre, appellent un Français un Ciofo.*

(**) *Préface du Dante par le signor Martinelli.*

te de l'enfer Virgile & cette Béatrice auprès
d'une lionne & d'une louve. Il demande à
Virgile qui il est; Virgile lui répond que son
pere & sa mere sont de Lombardie, & qu'il le
menera dans l'enfer, dans le purgatoire & au
paradis, si le Dante veut le suivre. Je te sui-
vrai, lui dit le Dante; mene-moi où tu dis,
& que je voie la porte de St. Pierre.

> Che tu mi meni la dove or dicesti,
> Si che vegga la porta di san Pietro.

Béatrice est du voyage. Le Dante; qui avait
été chassé de Florence par ses ennemis, ne manque pas de les voir en enfer, & de se moquer
de leur damnation. C'est ce qui a rendu son
ouvrage intéressant pour la Toscane. L'éloi-
gnement du temps a nui à la clarté; & on est
même obligé d'expliquer aujourd'hui son enfer
comme un livre classique. Les personnages ne
font pas si attachants pour le reste de l'Europe. Je ne sais comment il est arrivé qu'Aga-
memnon fils d'Atrée, Achille aux pieds lé-
gers, le pieux Hector, le beau Pâris, ont toujours plus de réputation que le Comte de Mon-
téfeltro, Guido da Polenta, & Paolo Lanci-
lotto.

Pour embellir son enfer, l'auteur joint les
anciens payens aux chrétiens de son temps.
Cet assemblage & cette comparaison de nos
damnés avec ceux de l'antiquité pourrait avoir
quelque chose de piquant, si cette bigarrure
était amenée avec art, s'il était possible de
mettre de la vraisemblance dans ce mélange
bizarre de christianisme & de paganisme, &
sur-tout si l'auteur avait su ourdir la trame

d'une fable, & y introduire des héros intéref-
fants, comme ont fait depuis l'Ariofte & le
Taffe. Mais Virgile doit être fi étonné de fe
trouver entre Cerbere & Belzébuth, & de voir
paffer en revue une foule de gens inconnus,
qu'il peut en être fatigué, & le lecteur encore
davantage.

Monfieur Gervais fentit la vérité de ce que
je lui difais, & renvoya Mr. Martinelli avec
fes commentaires. Nous nous avouames l'un
à l'autre, que ce qui peut convenir à une nation eft fouvent fort infipide pour le refte des
hommes. Il faut même être très-réfervé à re-
produire les anciens ouvrages de fon pays. On
croit rendre fervice aux lettres en commentant
Coquillart & le roman de la Roze. C'eft un
travail auffi ingrat que bizarre de rechercher
curieufement des cailloux dans de vieilles rui-
nes, quand on a des palais modernes.

Je me fuis avifé d'être Libraire, me difait
Mr. Gervais; je quitterai bientôt le métier; il
y a trop de livres & trop peu de lecteurs. Je
m'en tiendrai à tenir café. Tous ceux qui viennent en prendre chez moi difent continuellement: j'ai bien à faire du roman de Made-
moifelle Lucie, des mémoires de Mr. le Marquis de trois étoiles, de la nouvelle hiftoire
de Céfar & d'Augufte dans laquelle il n'y a
rien de nouveau, & d'un Dictonnaire des grands
hommes dans lequel ils font tous fi petits, &
de tant de pieces de théatre qu'on ne voit jamais au théatre, & de cette foule de vers où
l'on fait tant d'efforts pour être naturel, & où
l'on eft de fi mauvaife compagnie en cherchant
le ton de la bonne compagnie: tout cela rebu-

te les honnêtes gens; ils aiment mieux lire la
gazette.

Ils ont raison, lui dis-je; il y a longtemps
qu'on se plaint de la multitude des livres.
Voyez l'Eccléfiaste; il vous dit tout net qu'on
ne cesse d'écrire: *scribendi nullus est finis.* Tant
de méditation n'est qu'une affliction de la chair:
frequens meditatio afflictio est carnis. Ce n'est
pas que je croie que du temps du Roi Salomon
ou Soleïman il y eût autant de livres qu'il y
en eût dans Alexandrie, dont la bibliotheque
royale possédait sept cents mille volumes, &
dont César brûla la moitié.

Beaucoup de Savants ont prétendu, & peut-
être avec témérité, que cet Eccléfiaste ne pouvait être du troisieme Roi de la Judée, & qu'il
fut composé sous les Ptolémées par un Juif
d'Alexandrie, homme d'esprit & philosophe.
Mais le fait est que la multitude de livres illi-
sibles dégoûte. Il n'y a plus moyen de rien
apprendre, parce qu'il y a trop de choses à apprendre. Je suis occupé d'un problême de géométrie; vient un roman de Clarice en six volumes, que des Anglomanes me vantent comme le seul roman digne d'être lu d'un homme
sage: je suis assez fou pour le lire; je perds
mon temps & le fil de mes études. Puis lors
qu'il m'a fallu lire dix gros volumes du prési-
dent De Thou, & dix autres de Daniel, &
quinze de Rapin Thoyras, & autant de Maria-
na, arrive encore un Martinelli qui veut que
je le suive en enfer, en purgatoire & en paradis, & qui me dit des injures parce que je ne
veux pas y aller; cela désespere. La vue d'u-
ne bibliotheque me fait tomber en syncope.

Mais, me dit Mr. Gervais, penfez-vous qu'on
fe mette plus en péine dans ce pays-ci de vos
Chinois & de vos Indiens, que vous ne vous
fouciez des préfaces du fignor Martinelli? Eh
bien, Mr. Gervais n'imprimez pas mes Chinois
& mes Indiens.

Monfieur Gervais les imprima.

DIALOGUE
DE
MAXIME
DE MADAURE.

NOTICE.

Sur MAXIME de Madaure.

IL y a eu plusieurs hommes célebres du nom
de Maximus, que nous abrégeons toujours par
celui de Maxime. Je ne parle pas des Empereurs & des Consuls Romains, ni même des
Evêques de ce nom ; je parle de quelques philosophes, qui sont encore estimés pour avoir
laissé quelques pensées par écrit.

Il y en a un qui dans nos Dictionnaires est
toujours appellé Maxime le magicien, ainsi
qu'on nomme encore le curé Gaufredi *Gaufredi le sorcier ;* comme s'il y avait en effet des
sorciers & des magiciens: car les noms donnés
à la chose subsistent toujours, quand la chose
même est reconnue fausse.

Ce philosophe était le favori de l'Empereur
Julien ; & c'est ce qui lui fit une si méchante
réputation parmi nous.

Maxime de Tyr, dont l'Empereur Marc-
Aurele fut le disciple, obtint de nous un peu

plus de grace. Il n'eſt point qualifié de ſor-
cier; & il a eu Heinſius pour Commentateur.

Le troiſieme Maxime, dont il s'agit ici,
était un Africain né à Madaure dans le pays
qui eſt aujourd'hui celui d'Alger. Il vivait
dans le commencement de la deſtruction de
l'Empire Romain. Madaure, ville conſidéra-
ble par ſon commerce, l'était encore plus par
les lettres: elle avait vu naître Apulée & Maxime. St. Auguſtin, contemporain de Maxime,
né dans la petite ville de Tagaſte, fut élevé
dans Madaure; & Maxime & lui furent toujours amis, malgré la différence de leurs opinions : car Maxime reſta toujours attaché à
l'antique religion de Numa; & Auguſtin quitta le manichéiſme pour notre ſainte religion,
dont il fût, comme on le ſait, une des plus
grandes lumieres.

C'eſt une remarque bien triſte, & qu'on a
faite ſouvent ſans doute, que cette partie de
l'Afrique qui produiſit autrefois tant de grands
hommes, & qui fut probablement, depuis At-
las, la premiere école de philoſophie, ne ſoit
aujourd'hui connue que par ſes corſaires. Mais
ces révolutions ne ſont que trop communes;
témoin la Thrace, qui produiſit autrefois Orphée & Ariſtote; témoin la Grece entiere; témoin Rome elle-même.

Nous avons encore des monuments de la correſpondance qui ſubſiſta toujours entre le di-
ſert Auguſtin de Tagaſte, & le Platonicien
Maxime de Madaure. On nous a conſervé les
lettres de l'un & de l'autre. Voici la fameuſe
lettre de Maxime ſur l'exiſtence de Dieu, avec
la réponſe de St. Auguſtin, toutes deux tra-

duites par Dubois de Port-Royal, précepteur du dernier Duc de Guise.

LETTRE de Maxime de Madaure à Augustin.

„ Or qu'il y ait un Dieu souverain qui soit
„ sans commencement, & qui, sans avoir rien
„ engendré de semblable à lui, soit néanmoins
„ le pere & le formateur de toutes choses, quel
„ homme est assez grossier, assez stupide pour
„ en douter? C'est celui dont nous adorons
„ sous des noms divers l'éternelle puissance,
„ répandue dans toutes les parties du monde.
„ Ainsi honorant séparément, par diverses sor-
„ tes de cultes, ce qui est comme ses divers
„ membres, nous l'adorons tout entier......
„ Qu'ils vous conservent, ces dieux subalter-
„ nes, sous les noms desquels & par lesquels
„ tout autant de mortels que nous sommes sur
„ la terre nous adorons le *pere commun des*
„ *dieux & des hommes*, par différentes sortes de
„ cultes, à la vérité, mais qui s'accordent tous
„ dans leur variété même, & ne tendent qu'à
„ la même fin.

RÉPONSE d'Augustin.

„ Il y a dans votre place publique deux sta-
„ tues de Mars, nud dans l'une, & armé dans
„ l'autre; & tout auprès la figure d'un hom-
„ me qui, avec trois doigts qu'il avance vers
„ Mars, tient en bride cette divinité dange-
„ reuse à toute la ville. Sur ce que vous me
„ dites, que de pareils dieux sont des mem-

„ bres du feul véritable Dieu, je vous aver-
„ tis avec toute la liberté que vous me don-
„ nez, de ne pas tomber dans de pareils
„ facrileges ; car ce feul Dieu dont vous
„ parlez, eft fans doute celui qui eft re-
„ connu de tout le monde, & fur lequel les
„ ignorants conviennent avec les favants ; com-
„ me quelques anciens ont dit. Or, direz-
„ vous que celui dont la force, pour ne pas
„ dire la cruauté, eft réprimée par un hom-
„ me mort, foit un membre de celui-là ? Il
„ me ferait aifé de vous pouffer fur ce fujet ;
„ car vous voyez bien ce qu'on pourait dire
„ fur cela : mais je me retiens, de peur que
„ vous ne difiez que ce font les armes de la
„ rhétorique que j'emploie contre vous, plu-
„ tôt que celles de la vérité.''

Venons maintenant au fameux ouvrage de
ce Maxime.

TRADUCTION
DU DIALOGUE
DE
MAXIME DE MADAURE,
ENTRE
SOPHRONIME ET ADÉLOS.

ADÉLOS.

Vos sages conseils, Sophronime, ne m'ont pas rassuré encore. Parvenu à l'âge de quatre-vingt-six années, vous croyez être plus près du terme que moi qui en ai soixante & quinze. Vous avez rassemblé toutes vos forces pour combattre l'ennemi qui s'avance. Mais je vous avoue que je n'ai pu me forcer à regarder la mort avec ces yeux indifférents dont on dit que tant de Sages la contemplent.

SOPHRONIME.

Il y a peut-être dans l'étalage de cette indifférence un faste de vertu qui ne convient pas au Sage. Je ne veux point qu'on affecte de mépriser la mort; je veux qu'on s'y rési-

gne. Nous le devons, puisque tout corps or-
ganisé, animaux pensants, animaux sentants,
végétaux, métaux même, tout est formé pour
la destruction. La grande loi est de savoir
souffrir ce qui est inévitable.

A D É L O S.

C'est précisément ce qui fait ma douleur.
Je sais trop qu'il faut périr. J'ai la faiblesse de
me croire heureux en considérant ma fortune,
ma santé, mes richesses, mes dignités, mes
amis, ma femme, mes enfants. Je ne puis son-
ger sans affliction, qu'il me faut bientôt quit-
ter tout cela pour jamais. J'ai cherché des
éclaircissements & des consolations dans tous les
livres, je n'y ai trouvé que de vaines paroles.

J'ai poussé la curiosité jusqu'à lire un certain
livre qu'on dit chaldéen, & qui s'appelle le
Cohéleth. Chap. 2.

L'auteur me dit : ℣. 15. que m'importe d'a-
voir appris quelque chose, si je meurs tout
ainsi que l'insensé & l'ignorant ! ▬ ℣. 16.
La mémoire du Sage & celle du fou périssent
également. ℣. 19. Le trépas des hommes est
le même que celui des bêtes; leur condition
est la même : l'un expire comme l'autre,
après avoir respiré de même. ▬ L'homme
n'a rien de plus que la bête. ▬ Tout est
vanité. ▬ Tous se précipitent dans le même abyme. ▬ Tous sont produits de terre ;
tous retournent à la terre ▬ ℣. 21. & qui
me dira si le souffle de l'homme s'exhale dans
l'air, & si celui de la bête descend plus
bas ?

Le

Le même inftructeur, après m'avoir accablé
de ces images défefpérantes, m'invite à me réjouir, ⅋. 22. à boire, à goûter les voluptés de
l'amour , à me complaire dans mes œuvres.
Mais lui-même, en me confolant, eft auffi
affligé que moi. Il regarde la mort comme un
anéantiffement affreux. Ch. ⑨. ⅋. ⑤. Il déclare
qu'un chien vivant vaut mieux qu'un lion
mort. Les vivants, dit-il, ont le malheur de
favoir qu'ils mourront; & les morts ne favent
rien, ne fentent rien, ne connaiffent rien, n'ont
rien à prétendre. ⅋. ⑦. Leur mémoire eft dans
un éternel oubli.

Que conclut-il fur le champ de ces idées funebres ? Allez donc, dit-il, mangez votre pain
avec allégreffe, buvez votre vin avec joie.

Pour moi, je vous avoue qu'après de tels
difcours je fuis prêt à tremper mon pain dans
mes larmes, & que mon vin m'eft d'une in-
fupportable amertume.

SOPHRONIME.

Quoi! parce que dans un livre oriental il fe
trouve quelques paffages où l'on vous dit que
les morts n'ont point de fentiment, vous vous
livrez à préfent à des fentiments douloureux!
vous fouffrez actuellement de ce qu'un jour
vous ne fouffrirez plus du tout?

ADÉLOS.

Vous m'allez dire qu'il y a là de la contradiction; je le fens bien. Mais je n'en fuis pas
moins affligé. Si on me dit qu'on va brifer

une statue faite avec le plus grand art, qu'on va réduire en cendre un palais magnifique, vous me permettez d'être sensible à cette destruction ; & vous ne voulez pas que je plaigne la destruction de l'homme, le chef-d'œuvre de la nature !

SOPHRONIME.

Je veux, mon cher ami, que vous vous souveniez avec moi des Tusculanes de Cicéron, dans lesquelles ce grand homme vous prouve avec tant d'éloquence que la mort n'est point un mal.

ADÉLOS.

Il me le dit, mais peut-être avec plus d'éloquence que de preuves. Il s'est moqué des fables de l'Achéron & du Cerbere ; mais il y a peut-être substitué d'autres fables. Il usait de la liberté de sa secte académique, qui permet de soutenir le pour & le contre. Tantôt c'est Platon qui croit l'immortalité de l'ame ; tantôt c'est Dicéarque qui la suppose mortelle. S'il me console un peu par l'harmonie de ses paroles, ses raisonnements me laissent dans une triste incertitude. Il dit, comme tous les physiciens qui me semblent si mal instruits, que l'air & le feu montent en droite ligne à la région céleste : & delà, dit-il, il est clair que les ames, au sortir des corps, montent au ciel, soit qu'elles soient des animaux respirants l'air, soit qu'elles soient composées de feu. (*)

_____

(*) *Perspicuum debet esse animos, cum e corpore excesserint, sive illi sint animales spirabiles sive ignei, sublime ferri.*

Cela ne me paraît pas fi clair. D'ailleurs
Cicéron aurait-il voulu que l'ame de Catilina
& celle des trois abominables Triumvirs eus-
fent monté au ciel en droite ligne!

J'avoue à Cicéron que ce qui n'eft point, n'eft
pas malheureux; que le néant ne peut ni fe
réjouir, ni fe plaindre: je n'avais pas befoin
d'une Tufculane pour apprendre des chofes fi
triviales & fi inutiles. On fait bien fans lui
que les en▓▓ inventés foit par Orphée, foit
par Hermè▓▓ it par d'autres, font des chimeres abfurdes. J'aurais defiré que le plus grand
orateur, le premier philofophe de Rome, m'eût
appris bien nettement s'il y a des ames, ce
qu'elles font, pourquoi elles font faites, ce
qu'elles deviennent. Hélas! fur ces grands &
éternels objets de la curiofité humaine, Cicéron n'en fait pas plus que le dernier facriftain
d'Ifis, ou de la déefle de Syrie.

Cher Sophronime, je me rejette entre vos
bras; ayez pitié de ma faibleffe. Faites-moi
un petit réfumé de ce que vous me difiez ces
jours paffés fur tous ces objets de doute.

SOPHRONIME,

Mon ami, j'ai toujours fuivi la méthode de
l'eclecticifme; j'ai pris dans toutes les fectes
ce qui m'a paru le plus vraifemblable. Je me
fuis interrogé moi-même de bonne foi; je vais
encore vous parler de-même, tandis qu'il me
refte affez de force pour raffembler mes idées,
qui vont bientôt s'évanouir.

1°. J'ai toujours, avec Platon & Cicéron,
reçonnu dans la nature un pouvoir fuprême,

aussi intelligent que puissant, qui a disposé l'u-
nivers tel que nous le voyons. Je n'ai jamais
pu penser avec Epicure que le hazard, qui n'est
rien, ait pu tout faire. Comme j'ai vu toute
la nature soumise à des loix constantes, j'ai
reconnu un Légiflateur ; & comme tous les
aftres se meuvent selon des regles d'une mathé-
niatique éternelle , j'ai reconnu avec Platon
l'éternel géometre.

2º. Delà descendant à ses ou●●●s , & ren-
trant dans moi-même, j'ai dit ●●●est impossi-
ble que dans aucun des mondes infinis qui rem-
plissent l'univers, il y ait un seul être qui se
dérobe aux loix éternelles; car celui qui a tout
formé doit être maître de tout. Les aftres
obéissent ; le minéral, le végétal , l'animal,
l'homme, obéissent donc de-même.

3º. Je ne connois le secret ni de la forma-
tion, ni de la végétation, ni de l'instinct animal, ni de l'instinct & de la pensée de l'homme. Tous ces ressorts sont si déliés qu'ils écha-
pent à ma vue faible & grossiere. Je dois donc
penser qu'ils sont dirigés par les loix du fabricateur éternel.

4º. Il a donné aux hommes organisation,
sentiment & intelligence. Aux animaux organisation, sentiment & ce que nous appellons
instinct. Aux végétaux organisation seule. Sa
puissance agit donc continuellement sur ces trois
regnes.

5º. Toutes les substances de ces trois regnes
périssent les unes après les autres. Il en est qui
durent des siecles, d'autres qui vivent un jour;
& nous ne savons pas si les soleils qu'il a for-
més ne seront pas à la fin détruits comme nous.

6°. Ici vous me demanderez fi je penfe que nos ames périront aulli comme tout ce qui végete, ou fi elles pafferont dans d'autres corps, ou fi elles revêtiront un jour le même, ou fi elles s'envoleront dans d'autres mondes?

A cela je vous répondrai qu'il ne m'eft pas donné de favoir l'avenir; qu'il ne m'eft pas même donné de favoir ce que c'eft qu'une ame. Je fais certainement que le pouvoir fuprême qui régit la nature a donné à mon individu la faculté de fentir, de penfer, & d'expliquer mes penfées. Et quand on me demande fi après ma mort ces facultés fubfifteront, je fuis prefque tenté d'abord de demander à mon tour fi le chant du roffignol fubfifte quand l'oifeau a été dévoré par un aigle?

Convenons d'abord, avec tous les bons philofophes, que nous n'avons rien par nous-mêmes. Si nous regardons un objet, fi nous entendons un corps fonore, il n'y a rien dans ces corps ni dans nous qui puiffe produire immédiatement ces fenfations. Par conféquent il n'eft rien, ni dans nous ni autour de nous, qui puiffe produire immédiatement nos penfées. Car point de penfées dans l'homme avant la fenfation. *Nihil eft in intellectu quod non prius fuerit in fenfu.* Donc c'eft Dieu qui nous fait toujours fentir & penfer; donc c'eft Dieu qui agit fans ceffe fur nous, de quelque maniere incompréhenfible qu'il agiffe. Nous fommes dans fes mains comme tout le refte de la nature. Un aftre ne peut pas dire je tourne par ma propre force. Un homme ne doit pas dire, je fens & je penfe par mon propre pouvoir.

Etant donc les inſtruments périſſables d'une
puiſſance éternelle, jugez vous-même ſi l'inſtrument peut jouer encore quand il n'exiſte
plus, & ſi ce ne ſerait pas une contradiction
évidente. Jugez ſur-tout ſi, en admettant un
formateur ſouverain, on peut admettre des êtres
qui lui réſiſtent.

A D É L O S.

J'ai toujours été frappé de cette grande idée.
Je ne connois point de ſyſtême plus reſpectueux
envers Dieu. Mais il me ſemble que ſi c'eſt
révérer en Dieu ſa toute-puiſſance, c'eſt lui
ôter ſa juſtice, & c'eſt ravir à l'homme ſa liberté. Car ſi Dieu fait tout, s'il eſt tout, il
ne peut ni récompenſer ni punir les ſimples
inſtruments de ſes décrets abſolus. Et ſi l'homme n'eſt que ce ſimple inſtrument, il n'eſt
pas libre.

Je pourrais me dire que dans votre ſyſtême,
qui fait Dieu ſi grand & l'homme ſi petit, l'ê-
tre éternel ſera regardé, par quelques eſprits,
comme un fabricateur qui a fait néceſſairement
des ouvrages néceſſairement ſujets à la deſtruction ; il ne ſera plus aux yeux de bien des phi-
loſophes qu'une force ſecrete répandue dans la
nature. Nous retomberons peut-être dans le
matérialiſme de Straton, en voulant l'éviter.

S O P H R O N I M E.

J'ai craint longtemps comme vous ces conſé-
quences dangereuſes ; & c'eſt ce qui m'a em-
pêché d'enſeigner mes principes ouvertement
dans mes écoles. Mais je crois qu'on peut ai-

fément fe tirer de ce labyrinthe. Je ne dis pas
cela pour le vain plaifir de difputer, & pour
n'être pas vaincu en paroles. Je ne fuis pas
comme ce rhéteur d'une fecte nouvelle, qui
avoue dans un de fes écrits que s'il répond à
une difficulté métaphyfique infoluble, *ce n'eft
pas qu'il ait rien de folide à dire ; mais c'eft qu'il
faut bien dire quelque chofe.*

J'ofe donc dire d'abord, qu'il ne faut pas accufer Dieu d'injuftice parce que les enfers des
Egyptiens, d'Orphée & d'Homere, n'exiftent
pas, & que les trois gueules de Cerbere, les
trois furies, les trois parques, les mauvais Dai-
mons, la roue d'Ixion, le vautour de Prométhée, font des chimeres abfurdes. Les charlatans facrés d'Egypte, qui inventerent ces horribles fadaifes pour fe faire craindre, & qui ne
foutinrent leur religion que par des bourreaux,
font aujourd'hui regardés par les fages comme
la lie du genre humain ; ils font auffi méprifés
que leurs fables.

Il y a certes une punition plus vraie, plus
inévitable dans ce monde pour les fcélérats. Et
quelle eft-elle ? c'eft le remords qui ne manque jamais, & la vengeance humaine laquelle
manque rarement. J'ai connu des hommes bien
méchants, bien atroces ; je n'en ai jamais vû
un feul heureux.

Je ne ferai pas ici la longue énumération de
leurs peines, de leurs horribles reffouvenirs, de
leurs terreurs continuelles, de la défiance où
ils étaient de leurs domeftiques, de leurs amis,
de leurs femmes, de leurs enfants. Cicéron avait
bien raifon de dire : ce font là les vrais cerberes,
les vraies furies, leurs fouets & leurs flambeaux.

Si le crime eſt ainſi puni, la vertu eſt ré-
compenſée, non par des champs Eliſées où le
corps ſe promene inſipidement quand il n'eſt
plus, mais, pendant ſa vie, par le ſentiment
intérieur d'avoir fait ſon devoir, par la paix
du cœur, par l'applaudiſſement des peuples, par
l'amitié des gens de bien. C'eſt l'opinion de
Cicéron, c'eſt celle de Caton, de Marc-Aurele, d'Epictete, c'eſt la mienne. Ce n'eſt pas
que ces grands hommes prétendent que la vertu rende parfaitement heureux. Cicéron avoue
qu'un tel bonheur ne ſaurait être toujours pur,
parce que rien ne peut l'être ſur la terre. Mais
remercions le maître de la nature humaine,
d'avoir mis à côté de la vertu la meſure de fé-
licite dont cette nature eſt ſuſceptible.

Quant à la liberté de l'homme, que la toute-
puiſſante & toute-agiſſante nature de l'être uni-
verſel ſemblerait détruire, je m'en tiens à une
ſeule aſſertion. La liberté n'eſt autre choſe que
le pouvoir de faire ce qu'on veut. Or ce pouvoir ne peut jamais être celui de contredire les
loix éternelles établies par le grand Etre. Il ne
peut être que celui de les exercer, de les ac-
complir. Celui qui tend un arc, qui tire à lui
la corde, & qui pouſſe la fleche, ne fait qu'exécuter les loix immuables du mouvement. Dieu
ſoutient & dirige également la main de Céſar
qui tue ſes compatriotes à Pharſale, & la main
de Céſar qui ſigne le pardon des vaincus. Celui qui ſe jette au fond d'une riviere pour ſau-
ver un homme noyé & pour le rendre à la vie,
obéit aux décrets & aux regles irréſiſtibles.
Celui qui égorge & qui dépouille un voyageur,
leur obéit malheureuſement de-même. Dieu

n'arrête pas le mouvement du monde entier
pour prévenir la mort d'un homme sujet à la
mort. Dieu même, Dieu ne peut être libre
d'une autre façon : sa liberté ne peut être que
le pouvoir d'exécuter éternellement son éternelle
volonté. Sa volonté ne peut avoir à choisir
avec indifférence entre le bien & le mal, puisqu'il n'y a point de bien ni de mal pour lui.
S'il ne fesait pas le bien nécessairement, par
une volonté nécessairement déterminée à ce
bien, il le ferait sans raison, sans cause; ce qui
ferait absurde.

J'ai l'audace de croire qu'il en est ainsi des
vérités éternelles de mathématique par rapport
à l'homme. Nous ne pouvons les nier dès que
nous les appercevons dans toute leur clarté ; &
c'est en cela que Dieu nous fit à son image :
ce n'est pas en nous pétrissant de fange délayée,
comme on dit que fit Prométhée.

Mixtam fluvialibus undis
Finxit in effigiem moderantum cuncta deorum.

Certes ce n'est pas par le visage que nous
ressemblons à Dieu, représenté si ridiculement
par la fabuleuse antiquité avec tous nos membres & toutes nos passions. C'est par l'amour
& la connoissance de la vérité que nous avons
quelque faible participation de son être, comme une étincelle a quelque chose de semblable
au soleil, & une goutte d'eau tient quelque
chose du vaste océan.

J'aime donc la vérité quand Dieu me la fait
connaître ; je l'aime lui qui en est la source,
je m'anéantis devant lui qui m'a fait si voisin

F 5

du néant. Réfignons-nous enfemble, mon cher ami, à fes loix univerfelles & irrévocables, & difons en mourant comme Epictete.

,, O Dieu ! je n'ai jamais accufé votre pro-
,, vidence. J'ai été malade, parce que vous
,, l'avez voulu ; & je l'ai voulu de-même. J'ai
,, été pauvre, parce que vous l'avez voulu ;
,, & j'ai été content de ma pauvreté. J'ai été
,, dans la baffeffe, parce que vous l'avez vou-
,, lu ; & je n'ai jamais defiré de m'élever.

,, Vous voulez que je forte de ce fpectacle
,, magnifique ; j'en fors : & je vous rends mil-
,, le très-humbles graces de ce que vous avez
,, daigné m'y admettre pour me faire voir tous
,, vos ouvrages, & pour étaler à mes yeux
,, l'ordre avec lequel vous gouvernez cet uni-
,, vers.

LETTRES

DE

MONSIEUR LE CHEVALIER

DE BOUFLERS (a)

pendant son voyage en Suisse

A MADAME SA MERE

en 1764.

Avec des Notes.

PREMIERE LETTRE.

Du 4ᵉ. Octobre.

LE mauvais temps & les bonnes façons nous ont retenus deux jours à Bruyeres. Nous voici à Colmar, d'où nous partons, faute d'y trouver Madame du Comte qui fait actuellement ses vendanges. Nous avons voulu nous donner pour peintres, mais mon habit bleu a donné des soupçons à beaucoup d'officiers du régiment de Penthievre, avec qui j'ai soupé à table d'hôte; au reste, je m'y suis fort amusé. J'y ai trouvé un autre Sarobert (b), qui

---

(a) *Depuis Marquis de Boufflers & chef de sa maison après la mort de son frere. Il était alors attaché au Roi Stanislas, duc de Lorraine, ainsi que la Marquise sa mere.*

(b) *Sarobert était le Capitaine des chasses de Chantilly, espece*

m'a fait des récits de guerre auſſi ornés que ceux
de Donnereau ; par exemple : ,,J'ai vu, mordieu, la cavalerie du Roi qui battait les ennemis du Roi, par-tout où ils ſe montraient mordieu ; à Guaſtalla leur front nous dépaſſait, &
par un à droite & un à gauche nous les avons
enveloppés ſans tant de manœuvres, mordieu,
& nous ſommes entrés dedans comme dans du
beurre. Ils avaient ce jour-là du canon, mordieu, & ils nous en fouettaient tout au travers du nez ; c'étaient des boulets comme à l'ordinaire, qui étaient ſuivis de quatre petites
balles, groſſes comme des œufs, mordieu, &
qui feſaient un r r r ra ravage épouvantable,
ſacredieu. ''

Mesdames de Cambiſe & de Cuſſé (c), qui
ont une jolie voix, pourront mettre ces paroles ſur l'air ; mais le viſage de l'auteur man-
quera toujours. Je ſerai demain matin à Baſle,
d'où je vous écrirai. Adreſſez-moi vos lettres,
ſi vous m'écrivez, à Geneve chez Monſieur de
VOLTAIRE, ſous le nom de Charles, en le
feſant prier de me les garder juſqu'à mon
paſſage.

J'ai pris le parti de réformer mon cocher &
mon poſtillon, & deux chevaux, dont l'un,
nommé vulgairement la Griſe, ſera vendu à
quelque prix que ce ſoit, & l'autre, appellé
par mes gens l'Evêque de Toul, ſera donné
pour quinze Louis. Je vous prierai de vouloir

---

de ſauvage qui jurait toujours Dieu en buvant, & même en ne buvant pas.

(c) Dames qui étaient à Luneville. Madame de Cuſſé, Sœur
de Monſieur de Boufflers.

bien charger l'abbé Porquet de cette exécution-là ; & que le fufdit abbé Porquet foit toujours bien perfuadé, qu'il n'a jamais eu d'éleve auffi foumis que moi. Adieu, ma très-belle maman, je me réjouis de parler de vous à Mr. DE VOLTAIRE, & de lui dire tout ce que j'en penfe ; car je parie, qu'il n'avait pas affez d'efprit pour fentir tout votre mérite quand il était à Luneville.

LETTRE II.

Du 9e. Octobre.

ME voici chez le chevalier de Beauteville, qui m'a reçu comme un Suiffe qui defcendrait du ciel à cheval fur un rayon (a). Il eft en vérité charmant. Je fuis arrivé au moment de fon entrée & des députations des treize Cantons, qui viennent le reconnaître. Il va y avoir une diete pour différentes affaires, dont le fuccès eft très-incertain. Les dénouements prévus ôtent de l'intérêt. La ville de Soleure devient le rendez-vous de toute la Suiffe. Les femmes y font aimables ; je ferais même tenté de les croire coquettes, fi les femmes pouvaient l'être.

Ce peuple-ci me repréfente les anciens Gau-

(a) Ceci eft une allufion à St. Denis, qui voyage toujours fur un rayon du foleil dans le poëme de la Pucelle, quand il n'eft pas fur fon âne.

lois; il en a la ſtature, la force, le courage,
la fierté, la douceur & la liberté. Il n'y a pas
plus d'hommes à proportion qu'en Lorraine. Le
pays en lui-même eſt moins bon, mais la terre
y eſt cultivée par des mains libres. Les hommes
ſement pour eux, & ne recueillent pas pour
d'autres; les chevaux ne voient pas les quatre
cinquiemes de leur avoine mangés par les rois.
Les Rois n'en ſont pas plus gras, & les chevaux ici le ſont bien davantage. Les payſans
ſont grands & forts, les payſannes ſont fortes
& belles. Je remarque, que partout où il y a de
grands hommes il y a de belles femmes, ſoit que
les climats les produiſent, ſoit qu'elles viennent
les chercher; ce qui ne ſerait pas décent. Cette nation-ci ne s'amuſe guerre, mais elle jouit
beaucoup. On y eſt fort laborieux, parce que
le travail eſt un plaiſir pour qui eſt ſûr d'en
retirer le fruit. Il y a autant de plaiſir à labourer qu'à moiſſonner. Les loix des Suiſſes
ſont auſteres, mais ils ont le plaſir de les
faire eux-mêmes; & celui qu'on pend pour y
avoir manqué, a le plaiſir de ſe voir obéir
par le bourreau.

Adieu, Madame, je me porte bien, je ſuis
enchanté de Mr Belpré (b). L'ambaſſadeur le
traite à merveille. Faites ſouvenir le Roi, que
dans le pays le plus libre il a à cette heure le
plus fidele de ſes ſujets, & chantez-lui de ma
part; *Aimez-moi comme je vous aime,*

(b) C'étoit un garde du Roi Stanislas, qui ſe mêle de peinture,
& qui remporta 50 *Louis d'or de Geneve.*

LETTRE III.

Du 26 Octobre.

ME voici dans le charmant pays de Vaud; je fuis au bord du lac de Geneve, bordé d'un côté par les montagnes du Valais & de la Savoie & de l'autre par de fuperbes vignobles, dont on fait à cette heure la vendange. Les raifins font énormes & excellents; ils croiffent depuis le bord du lac jufqu'au fommet du mont Jura, enforte que d'un même coup-d'œil je vois les vendangeurs les pieds dans l'eau, & d'autres juchés fur des rochers à perte de vue. C'eft une belle chofe que le lac de Geneve. Il femble que l'Océan ait voulu donner à la Suiffe fon portrait en mignature. Imaginez une jatte de foixante lieues de tour, remplie de l'eau la plus claire que vous ayez jamais bue, qui baigne d'un côté les chataigners de la Savoie, & de l'autre les raifins du pays de Vaud. Du côté de la Savoie la nature étale toutes fes horreurs, & de l'autre toutes fes beautés. Le mont Jura eft couvert de Villes & de Villages, dont la vigne couvre les toits, & dont le lac mouille les murs. Enfin, tout ce que je vois me caufe une furprife qui dure encore pour les gens du pays. Mais ce qu'il y a de plus intéreffant, c'eft la fimplicité des mœurs de la ville de Ve-vay. On ne m'y connaît que comme pein-

tre, (c) & j'y fuis traité par-tout comme à
Nancy. Je vais dans toutes les fociétés; je
fuis écouté & admiré beaucoup de gens qui
ont plus de fens que moi, & j'y reçois des
politelles que j'aurois tout au plus à attendre
de la Lorraine. L'âge d'or dure encore pour
ces gens-là. Ce n'eſt pas la peine d'être grand
Seigneur pour fe préfenter chez eux, il fuffit
d'être homme; l'humanité eſt pour ce bon
peuple-ci, tout ce que la parenté ferait pour
un autre.

Il vient de m'arriver une avanture, qui tien-
drait fa place dans le meilleur roman. J'ai
été chez une femme qu'on m'avait indiquée,
pour lui demander de vouloir bien me procu-
rer de l'ouvrage. Son mari l'a engagée, quoique vieille, à fe faire peindre. J'ai parfaitement réuſſi. Pendant le temps du portrait j'ai
toujours mangé chez elle; & elle m'a fort bien
traité. Ce matin, quand j'ai donné les derniers
coups à l'ouvrage, le mari m'a dit: Monfieur,
voilà un portrait parfait; il ne me reſte plus qu'à
vous fatisfaire, & à vous demander votre prix.

Je lui ai dit: Monfieur, on ne fe juge jamais
bien foi-même; le grand mérite fe voit en petit, & le petit fe voit en grand; perfonne ne
s'apprécie, & il eſt plus raifonnable de fe laiſſer
juger par les autres; nos yeux ne nous font
pas donnés pour nous regarder.

Mon-

(c) *Le Chevalier de Bouſſers ayant le talent de peindre, avait
imaginé de voyager en Suiſſe en qualité de peintre; il menait avec
lui ce garde du Roi Staniſſas, qui, comme on l'a déjà dit, fit à
Geneve pluſieurs portraits.*

Monfieur, m'a-t-il dit, votre façon de parler m'embarraſſe autant que la bonté de votre
portrait ; je trouve que, quelque choſe que
vous me demandiez, vous ne ſauriez me demander trop.

Et moi, Monfieur, quelque peu que vous
me donniez, je ne trouverai point que ce ſoit
trop peu ; je vous prie de n'avoir de ce côté-là
aucune honte, & de compter pour beaucoup les
bons traitemens que j'ai reçu de vous, dont
je ſuis plus content que je ne le ferai de quelque argent que je reçoive.

Monfieur, je vous devais au-delà des poli-
teſſes que je vous ai faites, mais je vous dois
encore infiniment pour le plaiſir que vous m'a-
vez fait.

Monfieur, ſi j'avais l'honneur d'être plus
connu de vous, je hazarderais de vous en faire préſent, & ce n'eſt que pour vous obéir que
je recevrai le prix que vous voudrez bien y
mettre ; mais conformez-vous, s'il vous plait
aux circonſtances du pays qui n'eſt pas riche,
& du peintre, qui eſt plus reconnaiſſant qu'in-
téreſſé.

Monfieur, puiſque vous ne voulez rien dire,
je vais hazarder d'acquitter en partie ce que je
vous dois.

A l'inſtant, le pauvre homme va à ſon bu-
reau & revient, la main pleine d'argent, me
diſant : Monfieur, c'eſt en tâtonnant que je
cherche à ſatisfaire ma dette, & en même temps
il me remit trente-ſix Livres.

Monfieur, lui dis-je, ſouffrez que je vous
repréſente que c'eſt trop pour un ouvrage de
cinq heures au plus, fait en auſſi bonne com-

pagnie que la vôtre; permettez que je vous en
remette les deux tiers, & qu'en échange je donne à Madame votre portrait en pur don.

Le pauvre homme & la pauvre femme tom-
berent des nues; j'ai ajouté beaucoup de chofes honnêtes, & je m'en fuis allé emportant
leurs bénédictions, & leurs 12 Livres que je
leur rendrai à mon départ.

Il y a pourtant ici quelqu'un qui me connaît, c'eft Monfieur de Courvoifier Colonel-
commandant du régiment d'Anhalt, qui était
à Metz fous les ordres de mon frere, & qui
m'y a vu. Quand j'ai fu qu'il était ici, j'ai
été le chercher; il m'a donné fa parole d'honneur du fecret, & il le garde même dans fa famille. Il a un vieux pere & une vieille mere
de cette ancienne pâte dont on a perdu la com-
pofition. Il a deux fœurs, dont l'une a 40
ans, & l'autre 20. La cadette eft belle comme un ange. Je la peins à cette heure, & elle
n'eft occupée qu'à chercher des pratiques pour
me faire gagner de l'argent.

Nous allons, Monfieur Belpré & moi, dans
toutes les affemblées fous le même nom, &
nous voyons plus d'honnêtes gens dans une
ville de trois mille habitans, qu'on n'en trouverait dans toutes les villes des provinces de
la France. Sur trente ou quarante jeunes filles ou femmes, il ne s'en trouve pas quatre
de laides, & pas une de catin. Oh le bon &
le mauvais pays!

Adieu, Madame, voilà une affez longue lettre. Si j'y ajoutais ce que j'ai toujours à vous
dire de mon adoration pour vous, vous mour-
riez d'ennui. Mettez-moi aux pieds du Roi,

contez-lui mes folies, & annoncez-lui une de
mes lettres, où je voudrais bien lui manquer
de respect afin de ne le pas ennuyer. Les Princes ont plus besoin d'être divertis qu'adorés.
Il n'y a que Dieu, qui ait un assez grand fond
de gaieté, pour ne pas s'ennuyer de tous les
hommages qu'on lui rend.

LETTRE IV.

OH, pour le coup me voilà dans les Alpes
jusqu'au cou. Il y a des endroits ici, où un
enrhumé peut cracher à son choix dans l'océan
ou dans la méditerranée. Où est Pampan? (a)
C'est ici, qu'il ferait beau le voir grossir les
deux mers de sa pituite, au lieu d'en inonder
votre chambre. Où est l'abbé Porquet? (b)
Que je le place, lui & sa perruque, sur le som-
met chauve des Alpes, & que sa calotte de-
vienne pour la première fois le point le plus
élevé de la terre.

Pardonnez-moi mon transport, Madame; les
grandes choses amenent les grandes idées, &
les grandes idées les grands mots. J'ai resté
longtemps à Vevay. C'est une ville charmante,
où il y a une compagnie très-agréable. Malgré tout ce que j'avais entendu dire de la sa-
gesse & même de l'austérité des mœurs de ce

(a) C'est Monsieur Devaux, Officier dans la maison du Roi
Stanislas.
(b) Précepteur du Chevalier.

G 2

pays-là, j'ai vu que *La Fontaine* avait raison
de dire, que la femme eft toujours femme.
Non feulement la femme y eft femme, mais
elle y eft belle.

Je fuis à cette heure dans le Valais, fron-
tiere de l'Italie. C'eft le pays le plus indépen-
dant de toute la Suiffe. C'eft le feul où toutes les femmes aient conftamment confervé leur
ancien habillement. Ce font de petits corfets
affez bien faits, des mouchoirs croifés affez fin-
gulierement, de petits béguins de dentelle, &
de petits chapeaux par-deffus avec des nœuds
de ruban. Je fuis occupé d'avoir des vulnérai-
res de ce pays-ci pour le Roi; ils font infiniment fupérieurs à ceux du refte de la Suiffe.
J'ai dîné & foupé avec le célebre HALLER.
Nous avons eu pendant & après le repas une
converfation de cinq heures de fuite en pré-
fence de dix à douze perfonnes du pays, qui
étaient très-étonnées d'entendre raifonner un
Français; mais, malgré l'attention & l'applau-
diffement de tout le monde, j'ai vu que pour
parvenir à une certaine fupériorité les livres
valent mieux que les chevaux.

Dans peu de jours je verrai VOLTAIRE,
dont HALLER n'eft point affez jaloux; & par
échelons, après avoir été d'HALLER à VOL-
TAIRE, j'irai de VOLTAIRE à vous. Mettez-moi toujours aux pieds du Roi, & dites-
lui, que la vue des peuples libres ne me por-
tera jamais à la révolte.

Adieu, Maman, je vous aime par-tout où
je fuis, & par-tout où vous êtes.

LETTRE V.

Du 10 Décembre.

IL faut ou que vous n'ayiez pas reçu mes lettres, par la négligence de mon palefrenier qui a oublié de les affranchir, ou que vous vous souciez bien peu du sang de votre sang, de la chair de votre chair, des os de vos os.

Je suis ici dans l'isle de Circé, sans être ni aussi fin, ni aussi brave, ni aussi sage, ni aussi cochon qu'Ulysse & ses compagnons. Lausanne est connue dans toute l'Europe par ses bons pastels & la bonne compagnie. Je vis dans une société que VOLTAIRE a pris plaisir de former, & je cause un moment avec les écoliers avant d'aller écouter le maître. Il n'y a pas de jour où je ne reçoive des vers, & où je n'en rende; pas un où je ne fasse un portrait & une connaissance; pas un où je ne prenne une tasse de chocolat le matin, suivie de trois gros repas: enfin, je m'amuse au point de vous souhaiter à ma place.

Voici quelques-uns de mes impromptus.

Une fois j'envoyai à une Dame *Gentil* (a) un portrait du Diable avec des cornes & une queue; elle demanda à quel propos?

(a) Cette Dame, fille du Général Constant au service de Hollande, était femme du Marquis de Langalerie Gentil, fils de celui qui avait quitté la France pour servir l'Empereur. Le père, le fils, la bru, sont morts malheureusement.

G 3

Ce n'eſt pas ſans raiſon, Marquiſe trop aimable,
Que j'envoyai chez vous le Diable & ſon portrait;
    Je ne ſais s'il vous tenterait,
    Mais vous, vous tenteriez le Diable.

Une autrefois deux autres femmes revenaient du prêche, & me demandaient ce que j'avais fait pendant ce temps-là.

    Ce matin, comme de vrais anges,
    Vous étiez toutes au ſaint lieu:
    Et moi, je chantais vos louanges,
    Quand vous chantiez celles de Dieu.

Je vais après-demain à Ferney, où VOLTAIRE m'attend. Il m'a écrit une lettre charmante. Je me réjouis de vous parler de lui. Vous avez mieux pris votre temps que moi pour le voir; mais on boit le vin de Tockai juſqu'à la lie. Sur-tout aſſurez bien le Roi, que je reviendrai *vrai philoſophe chrétien* (b).

Adieu, Maman, je vous aime comme on admire le Roi dans ma romance pour la fête.

J'oublie de vous dire quatre bouts rimés que j'ai remplis dans l'ordre ſuivant.

    Quand je n'aurais ni bras ni jambe,
    J'affronterais pour vous la balle ou le boulet:
    Ranimé par vos yeux je me croirais ingambe,
    Et je pourais encor mériter un ſoufflet.

(b) *Le Roi Stanislas, qui a beaucoup écrit, qui même avait traduit l'ancien Teſtament en vers polonais, fit un petit livre intitulé le philoſophe chrétien, pour prouver que les plaiſirs innocents ne ſont point du tout contraires au ſyſtème chrétien, ou plutôt au ſyſtème Janſéniſte. Un nommé Solignac ſon copiſte, ci-devant Jéſuite, travailla à ce livre & le mit en lumière.*

Adieu, encore une fois ; je vous écrirai de
Ferney des chofes plus intéreffantes.

L E T T R E VI.

ENfin me voici chez le Roi de Garbe ;
car jufqu'à préfent, j'ai voyagé comme fa
fiancée. Ce n'eft qu'en le voyant que je me
fuis reproché le temps que j'ai paffé fans le
voir. Il m'a reçu comme votre fils, & il m'a
fait une partie des amitiés qu'il voudrait vous
faire. Il fe fouvient de vous comme s'il venait de vous voir, & il vous aime comme s'il
vous voyait. Vous ne pouvez point vous faire d'idée de la dépenfe & du bien qu'il fait.
Il eft le Roi & le pere du pays qu'il habite ;
il fait le bonheur de ce qui l'entoure, & il
eft auffi bon pere de famille que bon poëte. Si
on le partageait en deux, & que je viffe d'un
côté l'homme que j'ai lu, & de l'autre celui
que j'entends, je ne fais auquel je courrais.
Ses imprimeurs auront beau faire, il fera toujours la meilleure édition de fes livres.

Il y a ici Madame *Denis*, & Madame *Du-
puis* née *Corneille*. Toutes deux me paraiffaient
aimer leur oncle. La premiere eft bonne de la
bonté qu'on aime ; la feconde eft remarquable
par fes grands yeux noirs.

Au refte la maifon eft charmante, la fituation fuperbe, la chere délicate, mon apparte-
ment délicieux ; il ne lui manque que d'être à
côté du vôtre ; car, j'ai beau vous fuir, je

vous aime ; & j'aurai beau revenir à vous, je vous aimerai encore.

VOLTAIRE m'a beaucoup parlé de Pampan, & comme j'aime qu'on en parle ; il a beaucoup recherché dans sa mémoire l'abbé Porquet, qu'il a connu autrefois ; mais il n'a jamais pu le retrouver. Les petits bijoux sont sujets à se perdre.

Adieu, ma belle, ma bonne, ma chere mere ; aimez-moi toujours beaucoup plus que je ne mérite, ce sera encore beaucoup moins que je ne vous aime.

Voici un impromptu que j'ai fait dernierement. J'arrivais chez une belle Dame croté & mouillé ; elle me proposa de me faire donner des souliers de son mari.

> *De votre mari, belle Iris,*
> *Je n'accepte point la chaussure ;*
> *Si je lui donne une coëffure,*
> *Je veux la lui donner gratis.*

LETTRE VII.

Du 24 Décembré.

J'Ai été hier pour la premiere fois à Geneve. C'est une grande & triste ville habitée par des gens qui ne manquent pas d'esprit, & encore moins d'argent, & qui ne se servent ni de l'un ni de l'autre. Ce qu'il y a de très-joli à Geneve, ce sont les femmes : elles s'ennuient comme des mortes, mais elles mériteraient bien de s'amuser.

Le peuple Suiſſe & le peuple Français reſſem-
blent à deux jardiniers, dont l'un cultive des
choux & l'autre des fleurs. Remarquez encore
avec moi, que moins on eſt libre, & mieux
on aime les femmes. Les Suiſſes s'en ſervent
moins que les Français, & les Turcs davantage.

Vous, dont l'empire eſt la beauté,
Sexe charmant, je plains le Suiſſe qui vous brave.
De quoi peut lui ſervir ſa triſte liberté,
Si le ciel vous deſtine à conſoler l'eſclave ?

En voilà aſſez ſur les femmes en général ; il
eſt temps de revenir à ma mere qui eſt femme
auſſi, mais d'un ordre ſupérieur. Elle eſt aux
femmes, ce que les ſéraphins ſont aux anges,
& les planetes aux capucins. (*)

Nous nous ſommes amuſés hier, une Dame
Cramer, qui a beaucoup d'eſprit, & moi, à faire des couplets. En voici un qu'elle avait
commencé ſur le Pere Adam Jéſuite, mais au-
monier de Mr. de VOLTAIRE, & que j'ai fini.

Il faudrait que Pere Adam
Voulût être mon amant.
Oui, que la peſte me creve,
S'il me veut, je ſuis ſon Eve,
Et je ſerai dès demain
La mere du genre humain.

En voici un que je fis à la Dame, en même
temps que je travaillais à arranger le ſien.

Pendant que la chanſon s'acheve,
Payez-moi le prix qui m'eſt dû ;

_____

(*) *Le mot de planete eſt ſans doute une faute d'impreſſion.*
Nous n'avons pu la corriger.

G 5

Et si jamais vous êtes Eve,
Que je sois le fruit défendu.

Ecoutez-en un charmant que VOLTAIRE
a fait pour moi à propos de Madame *Cramer.*

Mars l'enleve au Séminaire;
Tendre Vénus, il te sert:
Il écrit avec VOLTAIRE;
Il fait peindre avec Hubert;
Il fait tout ce qu'il veut faire;
Tous les arts sont sous sa loi:
De grace, dis moi, ma chere,
Ce qu'il fait faire avec toi.

Adieu, Madame, je vous aime comme il
faut vous aimer quand on est votre fils, &
même quand on ne l'est pas.

LETTRE VIII.

JE vous envoye pour vos étrennes un petit
dessein d'un VOLTAIRE, pendant qu'il
perd ou gagne une partie aux échecs. Cela
n'a ni forme ni correction, parce que je l'ai fait
à la hâte, à la lumiere, & au travers des gri-
maces qu'il fait quand on veut le peindre;
mais le caractere de la figure est saisi, & c'est
l'essentiel. Il vaut mieux qu'un dessein soit
bien commencé que bien fini, parce qu'on
commence par l'ensemble, & qu'on finit par
les détails.

Je continue à m'amuser beaucoup ici; je suis
toujours fort aimé, quoique j'y sois toujours.
Vous ne sauriez vous figurer combien l'inté-

rieur de cet homme-ci eſt aimable. Il ferait
le meilleur vieillard du monde, s'il n'était
point le premier des hommes; il n'a que le
défaut d'être fort renfermé, & fans cela il ne
ferait point auſſi répandu. Il eſt venu chez lui
un Anglais, qui ne peut pas ſe laſſer de l'entendre parler anglais, & réciter tous les poëmes de *Driden* comme Pampan récite la *Jeanne.*
Cet homme-là eſt trop grand pour être conte-
nu dans les limites de ſon pays. C'eſt un préſent que la nature a fait à toute la terre. Il
a le don des langues & des in-folio; car on ne
fait pas comment il a eu le temps d'apprendre
les unes, & de lire les autres.

J'ai peint ici une jolie petite femme de Geneve, minaudiere avec un grand ſuccès; &
comme on la croyait fort difficile, tout le monde eſt à mes genoux pour des portraits. Mais
je ſuis trop las de ne pas vous voir au milieu
des différents plaiſirs que j'ai ici, pour céder
aux inſtances qu'on me fait. J'ai beau m'amu-
fer, vous me manquez par-tout; il me ſemble preſque que tous mes plaiſirs ont beſoin
de vous.

Adieu Madame la Marquiſe: il eſt deux heures, je meurs de ſommeil, & je crois même
que je vous endors par ma lettre.

LETTRE IX.

Vous jouez un peu le perſonnage muet dans
notre correſpondance; je dirais à quelque autre qu'elle n'en eſt pas moins aimable; mais

vous ne gagnez rien à vous faire prier. Vous
avez une avarice d'esprit qui n'est point par-
donnable avec vos richesses. Je vois qu'il fau-
dra bientôt que je retourne à Luneville pour
vous aider à m'écrire. Enfin j'ai rompu le
vœu que j'avais fait, de ne point faire de
vers chez VOLTAIRE; il m'en a fait de
si jolis, que cela est devenu pour moi une affaire de reconnaissance. Les Dieux ont récom-
pensé la pureté de mes intentions; & pour la
premiere fois de ma vie j'ai fait quelques vers
de suite, sans être mécontent de moi. Les
voici.

Je fus dans mon printemps guidé par la folie;
Dupe de mes desirs, & bourreau de mes sens;
Mais s'il en était encor temps,
Je voudrais bien changer de vie.
Soyez mon directeur, donnez-moi vos avis,
Convertissez-moi, je vous prie,
Vous en avez tant pervertis.
Sur mes fautes je suis sincere,
Et j'aime presqu'autant les dire que les faire:
Je demande grace aux amours.
Vingt beautés à la fois trahies,
Et toutes assez bien servies,
En beaux momens, hélas, ont changé mes beaux jours.
J'aimais alors toutes les femmes;
Toujours brûlé de feux nouveaux
Je prétendais d'Hercule égaler les travaux,
Et sans cesse auprès de ces Dames
Etre l'heureux rival de cent heureux rivaux.
Je regrette aujourd'hui mes petits madrigaux;
Je regrette les airs que j'ai faits pour mes belles,
Je regrette vingt bons chevaux,
Qu'en courant par monts & par vaux,
J'ai, comme moi, crevé pour elles;
Et je regrette encore plus
Les utiles moments qu'en courant j'ai perdus.
Les neuf muses ne suivent guere

Ceux qui fuivent l'amour dans le métier galant.
Le corps eftlongtemps vieux, l'efprit longtemps enfant,
Mon efprit & mon corps, chacun pour fon affaire,
Viennent chez vous fans compliment,
L'efprit pour fe former, le corps pour fe refaire.
Je viens dans ce château voir mon oncle & mon pere.
    Jadis les chevaliers errants
Sur terre après avoir longtemps cherché fortune,
Allaient reprendre dans la Lune
Un petit flacon de bon fens ;
Mais je vous en demande une bouteille entiere :
Car Dieu mit en dépôt chez vous
L'efprit dont il priva tous les fots de la terre,
Et toute la raifon qui manque à tous les fous.

Souvenez-vous de moi, Madame, auprès de vous & auprès du Roi ; dites-lui de ma part fur la nouvelle année :

De tout temps unanimement
Sire, on vous la fouhaite bonne,
Et pour répondre au compliment,
Votre majefté nous la donne.

Et vous, ma chere Maman, comme vous valez mieux que tout ce qui m'amufe ici, pour brifer tous mes liens, mandez-moi que vous êtes malade, & que vous avez befoin de moi ; ce fera une raifon pour tout brufquer & pour revoler à vous. Mais n'allez point vous y prendre groffierement, parce que ferai obligé de montrer votre lettre. Je vous envoie la réponfe de Mr. de VOLTAIRE à mes vers.

Croyez qu'un vieillard cacochime,
Chargé de foixante & dix ans,
Doit mettre, s'il a quelque fens,
Son corps & fon ame au régime.

Dieu fit la douce illusion
Pour les heureux sous du bel âge,
Pour les vieux sous l'ambition,
Et la retraite pour le sage.
Vous me direz qu'Anacréon,
Que Chaulieu même & Saint Aulaire
Tiraient encor quelque chanson
De leur cervelle octogénaire!
Mais ces exemples sont trompeurs;
Et quand les derniers jours d'automne
Laissent éclore quelques fleurs,
On ne leur voit point les couleurs
Et l'éclat que le printemps donne;
Les bergeres & les pasteurs
N'en forment point une couronne.
La parque de ses vilains doigts
Marquait d'un sept suivi d'un trois
La tête froide & peu pensante
Du Fleuri qui donna des loix
A notre France languissante.
Il porta le sceptre des Rois,
Et le garda jusqu'à nonante.
Régner est un amusement
Pour un vieillard triste & pesant
De toute autre chose incapable;
Mais, vieux poëte, vieil amant,
Vieux chanteur est insupportable.
C'est à vous, o jeune Boufflers,
A vous, dont notre Suisse admire
Les crayons, la prose & les vers,
Et les petits contes pour rire,
C'est à vous de chanter Thémire
Et de briller dans un festin,
Animé du triple délire,
Des vers, de l'amour & du vin.

Voici ceux qu'il a envoyés à Madame de *Chauvelin* sur les sept péchés mortels de Mr. de *Chauvelin* (a).

Les sept péchés que mortels on appelle
Furent chantés par votre époux;
Pour l'un des sept nous partageons son zele;
Il n'en est point qu'on ne commît pour vous.
C'est grand' pitié que vos vertus défendent
Le plus chéri, le plus charmant de tous,
Lorsque vos yeux malgré vous le commandent.

LETTRE

DE

Mr. DE VOLTAIRE,

A Mr. L'ABBÉ D'OLIVET,

Sur là Langue Françaife

à Ferney, 5 Janvier 1767.

CHer Doyen de l'Académie,
Vous vites de plus heureux temps:

(a) *Je ne fuis pas fûr que ces vers foient de Mr. de Voltaire. On en a tant imprimés fous fon nom dans les elmanacs de toute efpece & dans d'autres recueils, qu'il faut fe défier de tout ce qu'on lui attribue. J'ai une édition fous le nom de Laufanne, dans laquelle le vingt-troifieme Volume eft rempli de pieces que je fais certainement n'être pas de lui, & j'ai droit d'affirmer que depuis longtemps il n'a donné aucun de fes ouvrages. Ce qui lui échappe n'eft point connu,*

Des neuf fœurs la troupe endormie
Laiffe repofer les talens:
Notre gloire eft un peu flétrie.
Ramenez-nous fur vos vieux ans,
Et le bon goût & le bon fens,
Qu'eut jadis ma chere patrie.

Dites-moi fi jamais vous vites dans aucun bon auteur de ce grand fiecle de Louis XIV. le mot de *vis-à-vis* employé une feule fois pour fignifier *envers*, *avec*, *à l'égard?* Y en a-t-il un feul qui ait dit *ingrat vis-à-vis de moi*, au lieu d'ingrat envers moi. *Il fe ménageait vis-à-vis de fes rivaux*, au lieu de dire avec fes rivaux. *Il était fier vis-à-vis de fes fupérieurs*, pour fier avec fes fupérieurs, &c. enfin ce mot de *vis-à-vis*, qui eft très rarement jufte & jamais noble, inonde aujourd'hui nos livres, & la cour, & le barreau, & la fociété; car dès qu'une expreffion vicieufe s'introduit, la foule s'en empare.

Dites-moi fi Racine a *perfiflé* Boileau? fi Boffuet a *perfiflé* Pafcal; & fi l'un & l'autre ont *myflifié* La Fontaine en abufant quelquefois de fa fimplicité? Avez-vous jamais dit que Cicéron écrivait *au parfait;* que *la coupe* des tragédies de Racine était heureufe? On va jufqu'à imprimer que les Princes font quelquefois mal *éduqués*. Il paraît que ceux qui parlent ainfi ont reçu eux-mêmes une fort mauvaife éducation. Quand Boffuet, Fénelon, Péliffon, voulaient exprimer qu'on fuivait fes anciennes idées, fes projets, fes engagements, qu'on travaillait fur un plan propofé, qu'on rempliffait fes promeffes, qu'on reprenait une affaire, &c. ils ne difaient point : j'ai fuivi mes *erremens*, j'ai travaillé fur mes *erremens*.

Errement a été fubftitué par les Procureurs au mot *erres*, que le peuple emploie au lieu d'*arrhes*: *arrhes* fignifie *gage*. Vous trouvez ce mot dans la tragi-comédie de Pierre Corneille, intitulée *Don Sanche d'Arragon*.

Ce préfent donc renferme un tiffu de cheveux,
Que reçut Don Fernand pour arrhes de mes vœux.

Le peuple de Paris a changé *arrhes* en *erres*; des *erres* au coche: donnez-moi des *erres*. De-là *erremens*; & aujourd'hui je vois que, dans les difcours les plus graves, le Roi a fuivi fes derniers *erremens vis-à-vis* des rentiers.

Le ftyle barbare des anciennes formules commence à fe glifter dans les papiers publics. On imprime que Sa Majefté *aurait* reconnu qu'une telle province *aurait* été endommagée par des inondations.

Il eft ridicule que des commis, qui dans leurs bureaux rédigent les ordres de nos Rois, faffent parler Louis XV. comme parlait Louis Hutain.

Voyez avec quelle élégance, toujours accompagnée de précifion, l'énorme compilation des loix de l'Empereur Juftinien eft écrite. Il n'y avait pas un Sénateur Romain qui ne fe fit un devoir de parler purement fa langue; mais chez notre nation long-temps barbare, qui occupe un petit coin de l'Empire Romain, il fe trouve encore des hommes principaux qui écrivent comme les filles qui vivent avec eux.

En un mot, Monfieur, la langue paraît s'altérer tous les jours; mais le ftyle fe corrompt

H

bien davantage : on prodigue les images & les tours de la poëſie en phyſique ; on parle d'anatomie en ſtyle empoulé ; on ſe pique d'employer des expreſſions qui étonnent parce qu'elles ne conviennent point aux penſées.

C'eſt un grand malheur, il faut l'avouer, que, dans un livre rempli d'idées profondes, ingénieuſes & neuves, on ait traité du fondement des loix en épigrammes. La gravité d'une étude ſi importante devait avertir l'auteur de reſpecter davantage ſon ſujet ; & combien a-t-il fait de mauvais imitateurs, qui n'ayant pas ſon génie n'ont pu copier que ſes défauts ?

Boileau, il eſt vrai, a dit après Horace,

Heureux qui, dans ſes vers, ſait, d'une voix légere,
Paſſer du grave au doux, du plaiſant au ſévere.

Mais il n'a pas prétendu qu'on mélangeât tous les ſtyles. Il ne voulait pas qu'on mit le maſque de Thalie ſur le viſage de Melpomene, ni qu'on prodiguât les grands mots dans les affaires les plus minces. Il faut toujours conformer ſon ſtyle à ſon ſujet.

Il m'eſt tombé entre les mains l'annonce imprimée d'un marchand, de ce qu'on peut envoyer de Paris en Province pour ſervir ſur table. Il commence par un éloge magnifique de l'agriculture & du commerce ; il peſe dans ſes balances d'épicier le mérite du Duc de Sully & du grand Miniſtre Colbert ; & ne penſez pas qu'il s'abaiſſe à citer le nom du Duc de Sully : il l'appelle l'*ami d'Henri IV*, & il s'agit de vendre des ſauciſſons & des harangs frais ! Cela prouve au moins que le goût des belles-lettres a pénétré dans tous les états; il ne s'agit plus que d'en faire un usage raisonnable : mais on veut toujours mieux dire qu'on ne doit dire ; & tout sort de sa sphere.

Je lisais il n'y a pas long-temps dans une gazette de province, que *la valeur des Janissaires s'était réveillée, & que quatre cents de ces guerriers invincibles avaient fait mordre la poussiere à plus de cinquante Russes.*

Des hommes, même de beaucoup d'esprit, ont fait des livres ridicules pour vouloir avoir trop d'esprit. Le Jésuite Castel, par exemple, dans sa mathématique universelle, veut prouver que, si le globe de Saturne était emporté par une comete dans un autre système solaire, ce serait le dernier de ses satellites que la loi de la gravitation mettrait à la place de Saturne. Il ajoute à cette bizarre idée, que la raison pour laquelle le satellite le plus éloigné prendrait cette place, c'est que les Souverains éloignent d'eux, autant qu'ils le peuvent, leurs héritiers présomptifs.

Cette idée serait plaisante & convenable dans la bouche d'une femme, qui, pour faire taire des philosophes, imaginerait une raison comique d'une chose dont ils chercheraient la cause en vain. Mais que le mathématicien fasse ainsi le plaisant quand il doit instruire, cela n'est pas tolérable.

Le déplacé, le faux, le gigantesque, semblent vouloir dominer aujourd'hui ; c'est à qui renchérira sur le siecle passé. On appelle de tous côtés les passants pour leur faire admirer des tours de force qu'on substitue à la démarche simple, noble, aisée, décente des Pélis-

fons, des Fénelons, des Boffuets, des Maffil-
lons. Un charlatan eft parvenu jufqu'à dire
dans je ne fais quelles lettres, en parlant de
l'angoiffe & de la paffion de JESUS-CHRIST, que
fi Socrate mourut en fage, JESUS-CHRIST *mourut en Dieu :* comme s'il y avait des Dieux
accoutumés à la mort; comme fi on favait
comment ils meurent; comme fi une fueur de
fang était le caractere de la mort de DIEU; enfin, comme fi c'était DIEU qui fût mort.

On defcend d'un ftyle violent & effréné au
familier le plus bas & le plus dégoûtant; on
dit de la mufique du célebre Rameau, l'honneur de notre fiecle, qu'elle *reffemble à la cour-
fe d'une oie graffe, & au galop d'une vache.*
On s'exprime enfin auffi ridiculement que l'on
penfe, *rem verba fequuntur;* &, à la honte de
l'efprit humain, ces impertinences ont eu des
partifans.

Je vous citerais cent exemples de ces extra-
vagants abus, fi je n'aimais pas mieux me li-
vrer au plaifir de vous remercier des fervices
continuels que vous rendez à notre langue,
tandis qu'on cherche à la déshonorer. Tous
ceux qui parlent en public doivent étudier votre traité de la profodie. C'eft un livre claffi-
que, qui durera autant que la langue Françaife.

Avant d'entrer avec vous dans des détails
fur votre nouvelle édition, je dois vous dire
que j'ai été frappé de la circonfpection avec laquelle vous parlez du célebre, j'ofe prefque dire
de l'inimitable Quinaut, le plus concis peut-
être de nos poëtes dans les belles fcenes de fes
opéra, & l'un de ceux qui s'exprimerent avec

le plus de pureté, comme avec le plus de grace. Vous n'affurez point, comme tant d'autres, que Quinaut ne favait que fa langue. Nous avons fouvent entendu dire, Madame Denis & moi, à Mr. de Baufrant fon neveu, que Quinaut favait affez de Latin pour ne lire jamais Ovide que dans l'original, & qu'il poffédait encore mieux l'Italien. Ce fut un Ovide à la main qu'il compofa ces vers harmonieux & fublimes de la premiere fcene de Proferpine.

Les fuperbes géants, armés contre les Dieux,
    Ne nous caufent plus d'épouvante;
Ils font enfevelis fous la maffe pefante
Des monts qu'ils entaffaient pour attaquer les cieux.
Nous avons vu tomber leur chef audacieux
    Sous une montagne brûlante.
Jupiter l'a contraint de vomir à nos yeux
Les reftes enflammés de fa rage mourante.
    Jupiter eft victorieux,
Et tout cede à l'effort de fa main foudroyante.

S'il n'avait pas été rempli de la lecture du Taffe, il n'aurait pas fait fon admirable opéra d'Armide. Une mauvaife traduction ne l'aurait pas infpiré.

Tout ce qui n'eft pas dans cette piece air détaché compofé fur les canevas du muficien, doit être regardé comme une tragédie excellente. Ce ne font pas là

De tous ces lieux communs de morale lubrique,
Que Lulli réchauffa des fons de fa mufique.

On commence à favoir que Quinaut valait mieux que Lulli. Un jeune homme d'un rare

H 3

mérite, déjà célebre par les prix qu'il a rem-
portés à notre Académie, & par une tragédie
qui a mérité son grand succès, a été s'exprimer ainsi en parlant de Quinaut & Lulli :(*)

> Aux dépends du poëte on n'entend plus vanter
> De ces airs languissants la triste psalmodie
> Que réchauffa Quinaut du feu de son génie.

Je ne suis pas entierement de son avis. Le
récitatif de Lulli me paraît très-bon, mais les
scenes de Quinaut encore meilleures.

Dans quel poëte trouvera-t-on une plus belle ode sur la mort, que ce couplet d'Alceste,
qui commence ainsi?

> Tout mortel doit ici paraître
> On ne peut naître
> Que pour mourir:
> De cent maux le trépas délivre,
> Qui cherche à vivre
> Cherche à souffrir, &c.

Je viens à une autre dispute. Vous dites *que
les étrangers ont peine à distinguer quand la
consonne finale a besoin ou non d'être accompagnée d'un e muet*, & vous citez les vers du
philosophe de Sans-souci.

> La nuit compagne du repos,
> De son crêp couvrant la lumiere,
> Avait jetté sur ma paupiere
> Les plus létargiques pavots.

Il est vrai que dans les commencemens nos

(*) Mr. de la Harpe.

e muets embarraſſent quelque-fois les étrangers. Le philoſophe de Sans-ſouci était très-jeune quand il fit cette épître : elle a été imprimée à ſon inſu par ceux qui recherçent toutes les pieces manuſcrites, & qui, dans leur empreſſement de les imprimer, les donnent ſouvent au public toutes défigurées.

Je peux vous aſſurer que le philoſophe de Sans-ſouci ſait parfaitement notre langue. Un de nos plus illuſtres confreres & moi, nous avons l'honneur de recevoir quelquefois de ſes lettres, écrites avec autant de pureté que de génie & de force, *eodem animo ſcribit quo pugnat* ; & je vous dirai en paſſant, que l'honneur d'être encore dans ſes bonnes graces, & le plaiſir de lire les penſées les plus profondes exprimées d'un ſtyle énergique, font une des conſolations de ma vieilleſſe. Je ſuis étonné qu'un Souverain, chargé de tout le détail d'un grand Royaume, écrive couramment & ſans effort ce qui coûterait à un autre beaucoup de temps & de ratures.

Mr. l'Abbé de Dangeau, en qualité de puriſte, en ſavait ſans doute plus que lui ſur la grammaire Françaiſe. Je ne puis toutefois convenir avec ce reſpectable académicien, qu'un muſicien, en chantant *la nuit eſt loin encore*, prononce, pour avoir plus de graces, la nuit eſt *loing* encore. Le philoſophe de Sans-ſouci, qui eſt auſſi grand muſicien qu'écrivain ſupérieur, ſera, je crois, de mon opinion.

Je ſuis fort aiſe qu'autrefois St. Gelais ait juſtifié le *crêp* par ſon *Bucephal*. Puiſqu'un aumônier de François I. retranche un *e* à *Bucephale*, pourquoi un Prince Royal de Pruſſe

H 4

n'aurait-il pas retranché un *e* à *crêpe?* Mais je
fuis un peu fâché que Melin de St. Gelais, en
parlant au cheval de François I, lui ait dit,

> Sans que tu fois un Bucephal,
> Tu portes plus grand qu'Alexandre.

L'hyperbole eft trop forte, & j'y aurais voulu plus de fineffe.

Vous me critiquez, mon cher Doyen, avec
autant de politeffe que vous rendez de juftice
au fingulier génie du philofophe de Sans-fouci.
J'ai dit, il eft vrai, dans le *Siecle de Louis
XIV.* à l'article des muficiens, que nos rimes
féminines terminées toutes par un *e* muet font
un effet-défagréable dans la mufique lorfqu'elles finiffent un couplet. Le chauteur eft abfolument obligé de prononcer

> Si vous aviez la rigueur
> De m'ôter votre cœur,
> Vous m'ôteriez la *vi-eu.*

Arcabone eft forcée de dire:

> Tout me parle de ce que j'*aim-eu.*

Médor eft obligé de s'écrier:

> Ah quel tourment d'aimer fans *efpérance-eu.*

La gloire & la victoire, à la fin d'une tira-
de, ont prefque toujours la *gloir-eu,* la *victoir-
eu.* Notre modulation exige trop fouvent ces
triftes définances. Voilà pourquoi Quinaut a
grand foin de finir, autant qu'il le peut, fes
couplets par des rimes mafculines: & c'eft ce

que recommandait le grand muficien Rameau à tous les poëtes qui compofaient pour lui.

Qu'il me foit donc permis, mon cher maître, de vous repréfenter que je ne puis être d'accord avec vous quand vous dites qu'*il eft inutile, & peut-être ridicule, de chercher l'origine de cette* prononciation *gloir-eu, victoir-eu, ailleurs que dans la bouche de nos villageois.* Je n'ai jamais entendu de payfan prononcer ainfi en parlant; mais ils y font forcés lorfqu'ils chantent. Ce n'eft pas non plus une prononciation vicieufe des acteurs & des actrices de l'opéra. Au contraire ils font ce qu'ils peuvent pour fauver la longue tenue de cette finale défagréable, & ne peuvent fouvent en venir à bout. C'eft un petit défaut attaché à notro langue, défaut bien compenfé par le bel effet que font nos *e* muets dans la déclamation ordinaire.

Je perfifte encore à vous dire, qu'il n'y a aucune nation en Europe qui faffe fentir les *e* muets excepté la nôtre. Les Italiens & les Efpagnols n'en ont pas. Les Allemands & les Anglais en ont quelques-uns; mais ils ne font jamais fenfibles ni dans la déclamation, ni dans le chant.

Venons maintenant à l'ufage de la rime, dont les Italiens & les Anglais fe font défaits dans la tragédie, & dont nous ne devons jamais fecouer le joug. Je ne fais fi c'eft moi que vous accufez d'avoir dit que la rime eft une invention des fiecles barbares. Mais fi je ne l'ai pas dit, permettez-moi d'avoir la hardieffe de vous le dire.

Je tiens en fait de langue tous les peuples pour barbares en comparaifon des Grecs & de

H 5

leurs difciples les Romains, qui feuls ont connu la vraie profodie. Il faut fur-tout que la
nature eût donné aux premiers Grecs des organes plus heureufement difpofés que ceux des
autres nations, pour former en peu de temps
un langage tout compofé de breves & de lon-
gues, & qui par un mélange harmonieux de
confonnes & de voyelles était une efpece de
mufique vocale. Vous ne me condamnerez pas
fans doute, quand je vous répéterai que le
Grec & le Latin font à toutes les autres langues du monde ce que le jeu d'échecs eft au
jeu de dames, & ce qu'une belle danfe eft à
une démarche ordinaire.

Malgré cet aveu je fuis bien loin de vouloir
profcrire la rime comme feu Mr. de la Mothe;
il faut tâcher de fe bien fervir du peu qu'on
a, quand on ne peut atteindre à la richeffe des
autres. Taillons habilement la pierre, fi le
porphyre & le granite nous manquent. Con-
fervons la rime; mais permettez-moi toujours
de croire que la rime eft faite pour les oreilles, & non pas pour les yeux.

J'ai encore une autre repréfentation à vous
faire. Ne ferais-je point un de ces téméraires
que vous accufez de vouloir changer l'orthographe? J'avoue qu'étant très-dévot à *St. François*, j'ai voulu le diftinguer des *Français*. J'a-
voue que j'écris *Danois* & *Anglais :* il m'a toujours femblé qu'on doit écrire comme on parle, pourvu qu'on ne choque pas trop l'ufage,
pourvû que l'on conferve les lettres qui font
fentir l'étymologie & la vraie fignification du
mot.

Comme je fuis très-tolérant, j'efpere que

vous me tolererez. Vous pardonnerez fur-tout
ce ftyle négligé à un Français ou à un François, qui avait, ou qui avoit été élevé à Paris
dans le centre du bon goût, mais qui s'eft un
peu engourdi depuis treize ans au milieu des
montagnes de glace dont il eft environné. Je
ne fuis pas de ces phofphores qui fe confer-
vent dans l'eau. Il me faudrait la lumiere de
l'Académie pour m'éclairer & m'échauffer; mais
je n'ai befoin de perfonne pour ranimer dans
mon cœur les fentimens d'attachement & de
refpect que j'ai pour vous, ne vous en déplai-
fe, depuis plus de foixante années.

PS. J'oubliais de vous parler de ce fameux
Sonnet attribué à Desbarreaux. Vous favez
qu'il n'eft pas de lui, & qu'il eft de cet Abbé de Lavau auteur d'une épitaphe odieufe de
Lulli. Il s'adreffe dans cette épitaphe au mau-
zolée érigé à Lulli dans l'Eglife de St. Eufta-
che; des anges y foulevent un rideau qui laiffe
voir la figure du mort; l'Abbé de Lavau dit
à ces anges:

> Laiffez tomber, fans plus attendre,
> Sur ce bufte honteux votre fatal rideau;
> Et ne montrez que le flambeau
> Qui devrait avoir mis l'original en cendre.

C'eft avec la même frénéfie qu'il fait parler
Desbarreaux dans fon fonnet, en lui imputant
un repentir d'un crime qu'il n'avait point commis. Desbarreaux était un Confeiller du Parlement, homme d'une probité reconnue, plus
livré il eft vrai, à fon plaifir qu'à fon métier,

mais très-éloigné de l'athéifme dont Boileau l'a indignement accufé parce que ce magiftrat n'aimait pas fes fatyres. Lavau fut encore plus injufte & plus mordant que Boileau, fous prétexte de dévotion. Son fonnet, dont Desbarreaux fut indigné, m'a toujours paru fort mauvais : voilà tout ce que je peux vous en dire.

FRAGMENT

D'UNE AUTRE LETTRE

DE

Mr. DE VOLTAIRE,

A Mr. D'OLIVET,

LEs raifonneurs fans génie, & qui differtent aujourd'hui fur le fiecle du génie, répetent fouvent cette antithefe de la Bruyere, que Racine a peint les hommes tels qu'ils font, & Corneille tels qu'ils devraient être. Ils répetent une infigne fauffeté. Car jamais ni Bajazet, ni Xipharès, ni Britannicus, ni Hippolyte, ne firent l'amour comme ils le font galamment dans les tragédies de Racine. Et jamais César n'a dû dire, dans le Pompée de Corneille, à Cléopatre, qu'il n'avait combattu à Pharfale que pour mériter fon amour avant

de l'avoir vue. Il n'a jamais dû lui dire, que
fon *glorieux titre de premier du monde, à pré-*
fent effectif, eft annobli par celui de captif de la
petite Cléopatre agée de quinze ans, qu'on lui
amena dans un paquet de linge longtemps après
Pharfale.

Ni Cinna, ni Maxime, n'ont dû être tels
que Corneille les a peints. Le devoir de Cinna ne pouvait être d'affaffiner Auguſte pour
plaire à une fille qui n'exiſtait point. Le devoir de Maxime n'était pas d'être fottement
amoureux de cette même fille, & de trahir à la
fois Auguſte, Cinna & fa maîtreſſe. Ce n'é-
tait pas là ce Maxime à qui Ovide écrivait
qu'il était digne de fon nom. *Maxime qui tan-*
ti menſuram nominis imples.

Le devoir de Felix dans Polyeucte n'était
pas d'être un lâche barbare, qui feſait couper
le cou à fon gendre, *pour acquérir par-là de*
plus puiſſants appuis, qui me mettraient plus haut
cent fois que je ne fuis.

On a beaucoup & trop écrit depuis Ariſtote
fur la tragédie. Les deux grandes regles font
que les perfonnages intéreſſent, & que les vers
foient bons; j'entends d'une bonté propre au
fujet. Ecrire en vers pour les faire mauvais,
eſt la plus haute de toutes les fottiſes.

On m'a vingt fois rebattu les oreilles de ce
prétendu difcours de Pierre Corneille, *ma piece*
eſt finie, je n'ai plus que les vers à faire. Ce
propos fut tenu par *Ménandre,* plus de deux
mille ans avant Corneille, fi nous en croyons
Plutarque dans fa queſtion, *fi les Athéniens ont*
plus excellé dans les armes que dans les lettres.
Ménandre pouvait à toute force s'exprimer

ainſi, parce que des vers de comédie ne ſont pas les plus difficiles; mais dans l'art tragique la difficulté eſt preſque inſurmontable, du moins chez nous.

Dans le ſiecle paſſé il n'y eut que le ſeul Racine qui écrivît des tragédies avec une pureté & une élégance preſque continue; le charme de cette élégance a été ſi puiſſant, que les gens de Lettres & de goût lui ont pardonné la monotonie de ſes déclarations d'amour, & la faibleſſe de quelques caracteres, en faveur de ſa diction enchantereſſe.

Je vois, dans l'homme illuſtre qui le précéda, des ſcenes ſublimes dont ni Lopès de Vega, ni Calderon, ni Shakespear n'avaient pas même pu concevoir la moindre idée, & qui ſont très-ſupérieures à ce qu'on admira dans Sophocle & dans Euripide. Mais auſſi j'y vois des tas de barbariſmes & de ſoleciſmes qui révoltent, & de froids raiſonnements alambiqués qui glacent. J'y vois enfin vingt pieces entieres, dans leſquelles à peine y a-t-il un morceau qui demande grace pour le reſte.

La preuve inconteſtable de cette vérité eſt, par exemple, dans les deux Bérénices de Racine & de Corneille. Le plan de ces deux pieces eſt également mauvais, également indigne du théatre tragique. Ce défaut même va juſqu'au ridicule. Mais par quelle raiſon eſt-il impoſſible de lire la Bérénice de Corneille? par quelle raiſon eſt-elle au-deſſous des pieces de Pradon, de Riouperous, de Danchet, de Péchantré, de Pélegrin? & d'où vient que la Bérénice de Racine ſe fait lire avec tant de plaiſir, à quelques fadeurs près? d'où vient

qu'elle arrache des larmes? c'eſt que les vers
ſont bons. Ce mot comprend tout, ſentiment,
vérité, décence, naturel, pureté de diction,
nobleſſe, force, harmonie, élégance, idées profondes, idées fines, ſur-tout idées claires,
images touchantes, images terribles. Otez ce
mérite à la divine tragédie d'Athalie, il ne lui
reſtera rien. Otez ce mérite au quatrieme livre de l'Eneïde, & au diſcours de Priam à
Achille dans Homere, ils ſeront inſipides. L'abbé Dubos a très-grande raiſon: la poëſie ne
charme que par les beaux détails.

Si tant d'amateurs ſavent par cœur des morceaux admirables des Horaces, de Cinna, de
Pompée, de Polyeucte, de Rodogune, c'eſt
que ces vers ſont très-bien faits. Et ſi on ne
peut lire ni Théodore, ni Pertharite, ni Don
Sanche d'Arragon, ni Attila, ni Agéſilas, ni
Pulchérie, ni la Toiſon d'or, ni Suréna, &c,
&c, &c, c'eſt que preſque tous les vers en ſont
déteſtables. Il faut être de bien mauvaiſe foi
pour s'efforcer de les excuſer contre ſa con-
ſcience.

Quelquefois même de miſérables écrivains
ont oſé donner des éloges à cette foule de pieces auſſi plattes que barbares, parce qu'ils ſen-
taient bien que les leurs étaient écrites dans
ce goût; ils demandaient grace pour eux-
mêmes.

Ce qui m'a le plus révolté dans Corneille,
c'eſt cette profuſion de maximes atroces, qui
a fait dire à des ſots que Corneille devait être
du Conſeil d'Etat. On me dit qu'il a pris ces
ſentences dans Lucain; & moi je dis que ces
ſentences ſont encore plus condamnables dans

Lucain que dans lui. L'auteur de la Pharfale tombe d'abord dans une contradiction que l'auteur de la tragédie de Pompée ne s'eſt point permiſe : c'eſt de dire que Ptolémée eſt un enfant plein d'innocence, *puer eſt, innocua eſt ætas ;* & de dire quelques vers après, que Photin conſeilla l'aſſaſſinat de Pompée en homme qui ſavait flatter les pervers, & qui connaiſſait les tyrans.

At melior ſuadere malis, & noſſe tyrannos,
Auſus Pompejum kthǒ damnare Photinus.

Mais j'ai toujours vu avec chagrin, & je l'ai dit hardiment, que le Photin de Corneille débite plus de maximes fades & horribles de ſcélérateſſe que le Photin de Lucain ; maximes d'ailleurs cent fois plus dangereuſes quand elles ſont récitées devant des princes avec toute la pompe & toute l'illuſion du théatre, que lorſqu'une lecture froide laiſſe à l'eſprit la liberté d'en ſentir l'atrocité.

Je ne m'en dédis point, je ne connais rien de ſi affreux que ces vers.

Le droit des rois conſiſte à ne rien épargner.
La timide équité détruit l'art de régner ;
Quand on craint d'être injuſte, on a toujours à craindre,
Et qui veut tout pouvoir doit oſer tout enfraindre,
Fuir comme un déshonneur la vertu qui le perd,
Et voler ſans ſcrupule au crime qui le ſert.

Vous avez vu très-judicieuſement, Monſieur, que non ſeulement ces maximes ſont exécrables, & ne doivent être prononcées en aucun lieu du monde, mais qu'elles ſont abſur-

furdes dans la circonftance où elles font pla-
cées. Il ne s'agit pas *du droit des rois*; il eft
queftion de favoir fi on recevra Pompée, ou fi
on le livrera à Céfar. Il faut plaire au vainqueur: ce n'eft pas là un droit des rois. Ptolémée eft un vaffal qui craint d'offenfer Céfar
fon maitre. J'ai exprimé fans ménagement mon
horreur pour tous ces lieux communs de barbarie qui font frémir l'honnêteté & le fens
commun. J'ai dit, & j'ai du dire, combien
font horribles à la fois & ridicules ces autres
vers que nous avons entendu réciter au théatre.

Chacun a fes vertus ainfi qu'il a fes dieux....
Le fceptre abfout toujours la main la plus coupable...;
Le crime n'eft forfait que pour les malheureux....
Oui, lorfque de nos foins la juftice eft l'objet,
Elle y doit emprunter le fecours du forfait. &c.

On ne peut dire plus mal des chofes plus in-
fames & plus fottes. Cependant, il y a des
gens d'affez mauvaife foi pour ofer excufer ces
horreurs ineptes. Point de mauvaife caufe qui
ne trouve un défenfeur, & point de bonne caufe qui n'ait un adverfaire; mais à la longue le
vrai l'emporte, fur-tout quand il eft foutenu
par des efprits tels que le vôtre.

Si rien n'eft plus odieux aux honnêtes gens
que ces fcélérats de Comédie qui parlent toujours de crime, qui crient que le crime eft hé-
roïque, que la vengeance eft divine, qu'on
s'immortalife par des crimes; rien n'eft plus
fade auffi que ces héroïnes qui nous rebattent
les oreilles de leur vertu. C'eft un grand art
dans Racine, que Néron ne dife jamais qu'il

I

aime le crime, & que Junie ne se vante point
d'être vertueuse.

Je vous demande bien pardon, Monsieur,
de vous dire des choses que vous savez mieux
que moi.

LE

MOIS D'AUGUSTE,

ÉPITRE

A Mr. DE VOLTAIRE;

Par Mr. FRANÇOIS DE NEUFCHATEAU,
*Docteur en Droit, Avocat du Roi au Bail-
liage de Vezelize, des Académies de Dijon,
Lyon, Marseille, Nanci.*

AVERTISSEMENT.

Monsieur de Voltaire, qui a rendu tant de
services à l'humanité, à la philosophie & à la
raison, a voulu réformer aussi quelques abus
de notre orthographe & quelques bisarreries de
notre langue. Il s'est élevé, à juste titre, contre l'usage d'écrire le nom des Français comme
celui de Saint François. La plupart des bons
Ecrivains qui honorent aujourd'hui la nation,
& les étrangers instruits qui ne font pas moins

d'honneur à notre Littérature, ont fenti la néceflité du changement propofé par Mr. de Voltaire, & l'ont adopté ; mais, en fait d'orthographe, comme en toute autre chofe, l'habitude produit la fuperftition. Beaucoup d'honnêtes gens s'imaginent qu'on ne peut toucher
à l'orthographe reçue, fans ébranler en même-
temps la conftitution de l'Etat. La jaloufie,
qui fait arme de tout, le faux zele, qui s'ir-
rite de tout, le pédantifme, qui dégénere en
fanatifme, fe font réunis contre l'orthographe
de Mr. de Voltaire, parce qu'elle était nouvelle & parce qu'elle était fenfée. On connaît
même des provinces de France où quiconque
ofe la fuivre eft dénoncé comme un impie &
comme un mauvais Citoyen. On aura peine
à croire ce trait d'imbécillité barbare au milieu
du XVIIIᵉ fiecle. C'eft tout ce qu'on aurait
pu attendre des temps d'ignorance & de perfé-
cution où Ramus fut mis en pieces en l'honneur d'Ariftote, & où les lambeaux de fon
corps déchiré furent femés à la porte des Col-
leges de Paris, pour faire expier à cet infortuné philofophe la témérité qu'il avait eue de
prononcer deux mots latins (*) autrement que
fes confreres.

L'Auteur de cette Epître n'a pas été tout-à-
fait à ce point le martyr de l'orthographe d'un
grand homme. On s'eft contenté de le perfécuter. En effet, ne fallait-il pas qu'il fût bien
criminel, bien audacieux, bien mauvais chrétien, pour fubftituer un *a* à un *o* dans les fyl-

---

(*) *Quifquis* & *Quamquam.*

labes de quelques noms propres & de quelques imparfaits des verbes, que fes perfécuteurs voulaient abfolument écrire d'une maniere & prononcer de l'autre.

La réforme propofée dans cette Epitre n'aura pas, fans doute, les mêmes inconvéniens. Il s'agit de rendre au mois d'Augufte, que nous écrivons ridiculement *Août* ou *Aouft*, & que nous prononçons *Oût*, le véritable nom qu'il eut dans fon origine. Le Poëte a faifi la conformité de ce nom avec celui de notre jeune Monarque, pour offrir un hommage public à ce Prince, *dont le premier Edit a été un bienfait, & la premiere maladie une leçon de courage*, comme l'a obfervé ingénieufement Mr. Suart dans fon Difcours de réception à l'Académie Françaife, & non pas *Françoife*.

Cette bagatelle ne doit pas être jugée à la rigueur. Ces vers font échappés à la plume d'un homme qui n'a prefque pas le temps de les faire, & encore moins celui de les relire.

LE

MOIS D'AUGUSTE,

ÉPITRE

A Mr. DE VOLTAIRE;

PATRIARCHE immortel de la Philofophie,
Vainqueur des préjugés & fur-tout de l'envie;
Oui, fans doute, VOLTAIRE, aux loix que tu prefcris

L'idiôme Français doit plier fon génie,
Puifqu'à ton éloquence il doit fon coloris,
    A tes beaux Vers fon harmonie,
    Et que l'Europe réunie
Apprend à le parler en lifant tes Ecrits.
    Mais fur-tout que ta plainte eft jufte,
    Que je t'écoute avec ardeur,
Quand, d'un barbare ufage ingénieux frondeur,
    Tu prétends rendre au Mois d'Augufte
    De fon nom l'antique fplendeur!
Le Calendrier même avait fon but à Rome;
Rome a tout annobli ; nous aviliffons tout;
Et d'un mois illuftré par le nom d'un grand homme,
Les Welches malheureux, fans oreilles, fans goût,
    Ont triftement fait le mois d'Ouft.
Nos Ayeux, ignorants en étymologie,
D'un furnom glorieux fentaient peu l'énergie;
Mais avons-nous le droit de faire le procès
A la groffiéreté de ces fiecles antiques?
    Hélas! plus Welches que jamais,
Nos Pédants ennuyeux, nos Cuiftres fanatiques,
D'une vieille orthographe adorateurs gothiques,
    Malgré ta gloire & tes fuccès,
Défigurent encor le beau nom des Français.
Laiffons-les s'entêter d'une erreur volontaire,
Barbares par fyftême & ftupides par choix.
En dépit des Pédants, ô fublime VOLTAIRE,
    D'Augufte célébrons le Mois:
Et que le préjugé foit réduit à fe taire.
    Ce n'eft pas l'Augufte Romain
Qui doit rendre ce Mois fi cher à la Patrie.
Par les profcriptions fa mémoire eft flêtrie.
Du temple de la gloire il connut le chemin:
Les Mufes, les Beaux-Arts le guidaient par la main;
Mais il fit détefter fa lâche barbarie,
Il fut de Cicéron l'exécrable affaffin,
Il dégrada fon nom; & la France attendrie
    Nomme un AUGUSTE plus humain.
Le Sceptre a fes dangers, il ofe les combattre;
    Et les premiers pas qu'il a faits
Ont rouvert les fentiers où marchait Henri-Quatre.

Il promet de les suivre; il annonce aux Français
Qu'il doit mettre toujours sa gloire la plus belle
   Dans le bonheur de ses Sujets.
Faut-il que cette gloire, hélas! soit si nouvelle!
  Déjà, par une épreuve utilement cruelle,
Il nous instruit d'exemple à prévenir les traits
D'un mal contagieux, dont l'atteinte mortelle
   Nous a coûté tant de regrets!
Et son courage encore est un de ses bienfaits.
Il proscrit des traitants les ressources sinistres,
    Par qui l'état fut apauvri;
    Son peuple est son seul favori;
    Des citoyens sont ses ministres.
  En corrigeant nos mœurs, qu'il réforme nos mots,
    Puisqu'en tout genre il est si juste.
Que l'antique Mois d'Oust, en dépit de nos sots,
   Redevienne le Mois d'Auguste:
Qu'il charme, sous ce nom, la France & l'Univers;
Qu'en caractères d'or, sur le marbre on l'incruste;
   Qu'on le grave au bas de son buste,
Qu'il ranime nos cœurs, qu'il remplisse nos vers.
 C'est dans ce Mois fécond que Cérès adorée
Couvre de ses trésors la campagne dorée.
Que tout fier désormais de son nouvel honneur,
Il ne trahisse plus l'espoir du moissonneur!
Prodigue de ses dons, que Cybele elle-même.
   Réalise l'heureux emblême
Des vertus du Monarque & de notre bonheur!
    A tes réformes salutaires
La langue, sans effort, doit céder cette fois.
Les revêches Pédants, les Critiques austeres,
Respecteront ce mot consacré par ta voix.
    L'avenir soumis à tes loix,
Du Mois d'Auguste, un jour, aimera les mysteres;
Heureux nos descendants, si les onze autres Mois,
   Dans les vers d'autant de VOLTAIRE,
Peuvent changer de nom, pour autant de bons Rois!

     A Paris 6 Auguste 1774.

SENTIMENT.

D'un Académicien de Lyon fur quelques en-
droits des Commentaires de CORNEILLE.

J'Avais adopté dans ma jeuneffe quelques
idées de Mr. de Voltaire fur la poëfie, &
fur la maniere d'en juger. Les critiques éton-
nantes de Mr. Clément m'ont infpiré quelques
réflexions dont je vais rendre compte aux gens
de lettres plus inftruits que moi, qui les ju-
geront.

Mr. de Voltaire, en commentant Corneille,
a prétendu qu'il ne faut introduire dans le discours que des métaphores qui puiffent former
une image ou noble ou agréable. Il condamne
ces deux vers d'Héraclius,

> Et n'eût été Léonce en la derniere guerre,
> Ce deffein avec lui ferait tombé par terre.

Il blâme fur ce principe ces autres vers d'Héraclius,

> Le peuple impatient de fe laiffer féduire
> Au premier impofteur armé pour me détruire,
> Qui s'ofant revêtir de ce fantôme aimé,
> Voudra fervir d'idole à fon zele charmé.

Pour fentir, dit-il, combien cela eft mal
exprimé; mettez en profe ces vers,

Le peuple eft impatient de fe laiffer féduire au
premier impofteur armé pour me détruire, qui,
ofant fe revêtir de ce fantôme aimé, voudra fer-
vir d'idole à fon zele charmé.

I 4

Ne fera-t-on pas révolté de cette foule d'im-
propriétés ? Peut-on fe vêtir d'un fantôme?
L'image eft-elle jufte ? Comment peut-on fe
mettre un fantôme fur le corps? &c.

Mr. Clément traite ce fentiment de Mr. de
Voltaire de *ridicule excessif*. Il l'attaque en
ces termes :

„ La métaphore eft principalement confacrée
„ aux chofes intellectuelles, qu'elle veut ren-
„ dre fenfibles par des images frappantes. Ainfi,
„ quand on dit, mon ame s'ouvre à la joie,
„ mon cœur s'épanouit, on emprunte l'ima-
„ ge d'une fleur qui s'ouvre & s'épanouit aux
„ rayons du foleil. Or quoiqu'on puiffe pein-
„ dre cette fleur, on ne peut pas affurément
„ peindre de même une ame, &c.

Il me femble qu'on doit répondre à Mr. Clément : ce n'eft pas de pareilles métaphores que
Mr. de Voltaire parle. Elles font devenues des
expreffions vulgaires reçues dans le langage commun. Le premier qui a dit, mon cœur s'ouvre à la joie, la triftelfe m'abat, l'efpérance me
ranime, a exprimé ces fentiments par des images fortes & vraies; il a fenti fon cœur, qui
était auparavant comme ferré & flétri, fe dila-
ter en recevant des confolations : & c'eft même
ce que des peintres, en des temps groffiers, ont
voulu figurer dans des tableaux d'autel, en
peignant des cœurs frappés de rayons qu'on
fuppofait être ceux de la grace. La triftelfe ne
jette point un ame fur le plancher ; mais un
peintre peut fort bien figurer un homme abat-
tu, terraffé par la douleur, & en figurer un
autre qui fe releve avec férénité, quand l'efpérance lui rend fes forces. Une ame ferme, un

cœur dur, tendre, caché, volage, un efprit
lumineux, rafiné, pefant, léger, furent d'a-
bord des métaphores : elles ne le font plus, c'eft
le langage ordinaire. Mr. de Voltaire parle de
celles qu'un poëte invente. Je crois avec lui
qu'il faut abfolument qu'elles foient toûjours
juftes & pittorefque. *Un deffein qui tombe à
terre* n'a, ce me femble, ni juftelle, ni vérité,
ni grace, & il eft impoffible de s'en faire une
idée. Mr. Clément prétend qu'on peut dire dans
une tragédie, *un deffein eft tombé par terre*, parce qu'on dit dans la converfation, *ce defcein a
échoué.* Je crois qu'il fe trompe. Je penfe que
le premier qui s'avifa de dire, *mes desfeins ont
echoué*, fe fervit d'une métaphore hardie, noble, frappante & très-pittorefque. L'idée en
était prife d'un naufrage, & les *desfeins* étaient
mis à la place de l'homme ; c'était proprement
l'homme qui faifait naufrage. Il eft d'ufage
de dire qu'un deffein a échoué ; ce n'eft plus
une métaphore, c'eft aujourd'hui le mot propre. Il n'en eft pas de-même de *tomber par terre* ; c'eft une invention du poëte ; elle n'a rien
de pittorefque ni de noble ; & ce vers ne me
paraît pas plus élégant que celui-ci, *n'eût été
Léonce en la derniere guerre.*

Il me femble aufli que perfonne n'approuvera
un impofteur qui, *s'ofant revêtir d'un fantôme
aimé, fert d'idole à un zele charmé.* Si quelqu'un s'avifait aujourd'hui de nous donner de
tels vers, je ne penfe pas qu'on trouvât un
feul homme qui ofât en prendre la défenfe.

On a blâmé dans l'Andromaque ce vers d'O-
refte, qui compare les feux de fon amour aux
feux qui confument Troie,

Brûlé de plus de feux que je n'en allumai.

On condamne ce vers d'Arons dans Brutus, où Arons dit, en parlant des remparts de Rome,

Du fang qui les inonde ils femblent ébranlés.

En effet ces figures font trop recherchées, trop hors de la nature. Le *fantôme* aimé dont on fe revêt pour fervir d'idole au zele charmé, paraît encore plus défectueux. C'est ce que le pere Bouhours appelle du nerveux, dans fa maniere de bien penfer.

Souvent il arrive que des vers louches, obfcurs, mal conftruits, hériffés de figures outrées, & même remplis de folécifmes, font quelque illufion fur le théatre. La regle que donne Mr. de Voltaire pour difcerner ces vers, me parait affez fûre. Dépouillez-les de la rime & de l'harmonie, réduifez-les en profe; alors le défaut fe montre à nud, comme la difformité d'un corps qu'on a dépouillé de fa parure.

Je me fouviens d'avoir entendu réciter ces vers dans une tragédie fort extraordinaire,

Du fang de Nonnius avec foin recueilli,
Autour d'un vafe affreux dont il était rempli,
Au fond de ton palais, j'ai raffemblé leur troupe,
Tous fe font abreuvés de cette horrible coupe.

Réduifez ces vers en profe; & voyez fi vous pourrez en faire quelque chofe d'intelligible. Comparez-les enfuite aux vers d'Æfchyle fur

un fujet femblable, traduits par Boileau dans
le Traité du Sublime.

> Sur un bouclier noir fept chefs impitoyables,
> Epouvantant les Dieux de fermens effroyables,
> Près d'un taureau mourant, qu'ils viennent d'égorger,
> Tous, la main dans le fang, jurent de fe venger.

C'eft à-peu-près la même idée que celle des
vers précédents; mais quelle différence! vous
trouverez ici non-feulement de grandes images
& de l'harmonie; mais encore toute l'exactitude de la profe la plus châtiée.

Le judicieux Boileau avait donc très-grande
raifon de dire,

> Mon efprit n'admet point un pompeux barbarifme,
> Ni d'un vers ampoulé l'orgueilleux folécifme
> Sans la langue, en un mot, l'auteur le plus divin
> Eft toujours, quoiqu'il faffe, un méchant écrivain.

Je penfe qu'il n'y a aucun bon vers, même
avec la conftruction la plus hardie, qui ne
réfifte à l'épreuve que Mr. de Voltaire propo-
fe, & qui ne forte triomphant de cet examen
rigoureux. *Je t'aimais inconftant, qu'aurais-je
fait fidele!* eft peut-être la conftruction la plus
hazardée qu'on ait jamais faite. C'eft un vers,
fi on compte douze fyllabes; c'eft de la profe,
fi on en détache le vers fuivant. Mais, dans
l'un & dans l'autre cas, *qu'aurais-je fait fidele*
eft mille fois plus énergique que fi on difait,
qu'aurais-je fait fi tu avais été fidele. Ce tour
fi nouveau enleve; il ne faudrait pas le répéter. Il y a des expreffions que Boileau appelle
trouvées, qui font un effet merveilleux dans la
place où un homme de génie les emploie; el-

les deviennent ridicules chez les imitateurs.

Mr. Clément croit que Mr. de Voltaire veut dire qu'il faut tourner en profe un vers, en lui fubftituant d'autres expreſſions pour en bien juger. C'eſt préciſément le contraire. Il faut laiſſer la conſtruction entiere telle qu'elle eſt, avec tous les mots tels qu'ils ſont, & en ôter ſeulement la rime.

Mr. de la Mothe ſembla prétendre que l'inimitable Racine n'était pas poëte; & pour le prouver il ôta les rimes à la premiere ſcene de Mithridate, en conſervant ſcrupuleuſement tout le reſte, comme il le devait pour ſon deſſein. Mr. de Voltaire lui démontra, ſi je ne me trompe, que c'était par cela même que ce grand-homme était auſſi bon poëte qu'on peut l'être dans notre langue. Pourquoi? C'eſt qu'on ne trouva pas dans toute cette ſcene de Mithridate, délivrée de l'eſclavage de la rime, un ſeul mot qui ne fût à ſa place, pas une conſtruction vicieuſe, rien d'ampoulé ou de bas, rien de faux, de recherché, de répété, d'obſcur, de hazardé. Tous les gens de lettres convinrent que c'était la véritable pierre de touche. On voyait que Racine avait ſurmonté ſans effort toutes les difficultés de la rime. C'était un homme qui, chargé de fers, marchait librement avec grace. C'eſt certainement ce qu'on ne pouvait dire d'aucun autre tragique depuis les belles ſcenes de Cornélie, de Severe, d'Horace, d'Auguſte, du Cid. Ouvrons Rodogune, dont la derniere ſcene eſt un chef-d'œuvre, & liſons le commencement de cette piece fameuſe dégagée ſeulement de la rime.

„ Ce jour *pompeux*, ce jour heureux nous
„ luit enfin qui doit dilliper la *nuit d'un trou-*
„ *ble si long* ; ce grand jour où l'hyménée,
„ étouffant la vengeance, remet l'intelligence
„ entre le Parthe, & nous, affranchit la princes-
„ se, & nous fait pour jamais un lien de la
„ paix du motif de la guerre. Mon frere, ce
„ grand jour est venu où notre Reine, cessant
„ de tenir plus la *couronne incertaine*, doit
„ rompre son silence obstiné aux yeux de tous,
„ nous déclarer l'ainé de deux princes *ju-*
„ *meaux* ; & l'avantage seul d'un *moment de nais-*
„ *sance*, dont elle a caché la connaissance jus-
„ qu'ici, mettant le sceptre dans la main *au*
„ plus heureux, va faire l'un sujet, & l'autre
„ Roi. Mais n'admirez-vous point que cette
„ même Reine *le* donne pour époux à l'objet
„ de sa haine, & n'en doit faire un Roi qu'afin
„ de couronner celle qu'elle aimait *à gêner*
„ dans les fers. Rodogune, traitée par elle
„ en esclave, *va être montée par elle* sur le
„ trône, &c.

En lisant ce commencement de Rodogune
tel qu'il est mot-à-mot dans la piece, je dé-
couvre tout ce qui m'était échappé à la repré-
sentation. Un jour *pompeux*, un jour *heureux*,
un *grand* jour, en quatre vers; une *nuit d'un*
trouble; une princesse *affranchie*, sans que je
sache encore quelle est cette princesse; un *mo-*
tif de la guerre qui devient un lien de la paix,
sans que je puisse deviner quel est ce motif,
quelle est cette guerre, qui la fait, à qui on
la fait, quel est le personnage qui parle. Je
vois une reine qui cesse de *tenir plus* la couronne incertaine, & qui va mettre le sceptre

dans la main *au* plus heureux ; mais on ne
m'apprend pas feulement le nom de cette Reine.
J'apprends feulement que Rodogune *va être
montée* fur le trône par cette Reine inconnue.

Toutes ces irrégularités fe manifeftent à moi
bien plus aifément dans la profe, que lorfqu'elles m'étaient déguifées par la rime & par la
déclamation. Je fuis confirmé alors dans le
principe de Mr. de Voltaire, qui établit que,
pour bien juger fi des vers font corrects, il
faut les réduire en profe, parce qu'en effet les
bons vers doivent joindre au charme de l'harmonie l'exactitude de la profe la plus châtiée.
Mr. Clément dit que *ce fyftême eft celui d'un
fou.* Je ne crois point être fou en l'adoptant.
J'efpere feulement que Mr. Clément aura un
jour une raifon plus fage & plus honnête.

Les bornes de ce petit écrit ne me permet-
tent que d'ajouter ici quelques mots fur les
injures atroces que Mr. Clément dit à Mr de
la Harpe, dans fa differtation qui devait être
purement grammaticale. Il l'accufe d'avoir compofé une partie des commentaires fur le théâ-
tre de Corneille par un motif d'intérêt ; & il
hazarde cette calomnie pour l'accabler d'outrages, qui ne peuvent que retomber fur celui
qui les prodigue fi injuftement.

Je n'ai jamais vu Mr. de Voltaire ; mais je
fuis affez inftruit de fes procédés envers la famille de Pierre Corneille, & du fentiment de
tous les honnêtes gens, pour favoir combien
ils réprouvent les invectives odieufes de Mr.
Clément, qui font auffi déplacées que fes critiques. J'ai peu vu Mr. de la Harpe ; je ne
le connais que par les excellents ouvrages qui

lui ont mérité tant de prix à l'Académie,& par
des pieces de poëſie qui reſpirent le bon goût.
Tous ceux qui ont pu lire ce libelle de Mr.
Clément, condamnent unanimement cette fureur grôſſiere avec laquelle il amene ici le nom
de Mr. de la Harpe pour l'inſulter ſans aucune
raiſon. On eſt bien ſurpris qu'il continue comme il a débuté, & qu'après avoir fait une volume d'injures déjà oublié contre Mr. de St.
Lambert & tant d'autres gens de lettres ſi eſti-
mables, il veuille perſuader au public que Mrs.
de Voltaire & de la Harpe ont travaillé de con-
cert à décrier le grand Corneille; tandis que
l'auteur de Zaïre, d'Alzire, de Mérope, de
Brutus, de Sémiramis, de Mahomet, de l'Or-
phelin de la Chine, de Tancrede, eſt à genoux
devant le pere du théatre, devant le grand auteur du Cid, d'Horace, de Cinna, de Polyeucte, de Pompée; tandis qu'il ne releve les
fautes qu'en admirant les beautés avec enthou-
ſiaſme; tandis qu'à peine il critique Pertharite, Théodore, Don Sanche, Attila, Pulchérie, Agéſilas, Suréna: certes il n'entreprit cette tâche ni pour déprimer Corneille, ni pour
déplaire à ſa famille.

Il m'a paru que ce commentateur nouveau
avait ſur-tout en vue la vérité & l'inſtruction
des gens de lettres. J'aime à voir comment,
en imitant la conduite de l'Académie lorſquelle
jugea le Cid, il mêle à tout moment la juſte
louange à la juſte critique. J'aime à voir comme il craint ſouvent de décider. Voici comme
il s'exprime ſur une difficulté qu'il ſe propoſe
dans l'examen du troiſieme acte de Cinna. *C'eſt
ſur quoi les lecteurs qui connaisſent le cœur hu-*

main doivent prononcer. Je fuis bien loin de por-
ter un jugement. J'aime fur-tout à voir avec
quel refpect, avec quels fentiments d'un cœur
pénétré, il met Cinna au-deffus de l'Electre &
de l'Œdipe de Sophocle, ces deux chefs-d'œuvre de la Grece; & cela même en relevant de
très-grands défauts dans Cinna. Mr. de Voltaire m'a paru un homme paffionné de l'art,
qui en fent les beautés avec idolatrie, & qui
eft choqué très vivement des défauts. Ce commentaire me femble mériter l'aprobation de tous
les gens de lettres; car il a été entrepris par
l'amitié, & écrit par la vérité. Il y a une rage ridicule à vouloir qu'on donne les mêmes
louanges à Cinna, & à Pertharite.

Qu'a donc de commun Mr. Clément avec
l'auteur de Cinna, & avec celui de Mahomet?
De quel droit fe met-il entre eux? Pourquoi ce
déchaînement contre tous fes contemporains?
Faut-il aboyer ainfi à la porte à tous ceux qui
entrent dans la maifon! que ne tâche-t-il plutôt d'y entrer! Le génie a quelques droits,
mais le métier de Zoïle eft infame.

FRAGMENT
D'UN POEME,

Par Mr. le Chevalier DE CUBIERES, *Ecuyer
du Roi, qui a concouru pour le prix
de l'Académie française, en 1775.*

.   .   .   .
.   .   .   .

DAns le ftérile champ de fa longue Epopée
Chapelain fait tenir à fa mufe éclopée
Une route fidele aux regles du cordeau.
L'Iliade, a-t-on dit, n'a pas un plan fi beau.
Cependant croira-t-on que la vieille pucelle
Du feu de l'auteur grec ait la moindre étincelle?
Homere fut fublime, impétueux, ardent;
Mais, comme dit Horace, il dormait trop fouvent.
Je ne puis fupporter l'oifiveté d'Achile,
Et dans un long poëme un héros inutile,
Qui fort après neuf ans de fon repos fatal
Pour combattre à coup fûr, & pour vaincre en brutal,
Comment puis-je admirer fa valeur indomptable,
Quand à fon talon près il eft invulnérable?
A l'admiration dois-je m'abandonner
De le voir dans fa tente apprêter fon dîner?
Quoi qu'en dife Dacier dans fa lourde doctrine,
Un Héros n'eft point né pour faire la cuifine.
   En un mot, j'aime mieux le luth d'Anacréon
Que les fons inégaux du chantre d'Ilion.
Mais j'aime cent fois plus l'ingénieux Horace,
Sage, voluptueux, plein d'efprit & de grace.
Tout ce qu'il a touché fe convertit en or.
On fe plaît à le lire, à le relire encor,
Soit que dans l'ode altiere il déifie un homme,
 Soit que, railleur adroit des beaux efprits de Rome,

K

Dans l'épitre légere il fifle leurs travers.
Virgile me ravit dans fes nobles concerts.
   Mais s'il eft un mortel qui, loin de nos barrieres,
Seul ait pu parcourir ces immenfes carrieres,
C'eft à lui déformais que je livre mon cœur.
Des Frérons acharnés l'infipide fureur
Rendra mon amitié plus conftante & plus pure.
Quoi donc, pour le venger de leur lâche impofture,
Attendrai-je le temps où de fon doigt d'airain
La Parque aura tranché le fil de fon deftin?
Hélas! qu'importe aux morts qu'on leur rende juftice?
Pigal a préparé l'éternel édifice
Où les mufes viendront fufpendre à des cyprès
Leurs luths que la douleur aura rendus muets.
La gloire fur fon front pofera des couronnes,
Sous fes pieds fifleront l'envie & les Gorgones,
Et le fculpteur adroit, au bas du monument,
Sous les traits d'un hibou peindra maître Clément.

VERS *fur un Bref attribué au Pape* CLEMENT
XIV, *contre la Caftration ; par Mr.* DE BOR-
DES *de l'Académie de Lyon.*

GLOIRE & félicité parfaite
Au fuprême & fage prélat
Qui ne veut point qu'une ariete
Coûte des membres à l'Etat.
Il fe fouvient qu'à fon image
Dieu jadis créa les humains;
Il confervera fon ouvrage
Tel qu'il eft forti de fes mains.
   Cet acte feul l'immortalife;
Le beau fexe le canonife;
Il eft béni par tous les faints.
Mais par quelle étrange manie
Cette fanglante tyrannie
A-t-elle régné fi longtemps?
   Qu'un defpote orgueilleux prétende

Etre pere de ſes enfans;
Pour bannir toute contrebande,
Qu'il faſſe mutiler ſes gens;
En blâmant ce terrible uſage
J'excuſe du moins un Sophi,
De s'aſſurer un avantage
Devenu ſi rare aujourd'hui:
Sa loi lui permet cinq cents femmes;
Combien d'intrigues & de trames
Se formeraient dans le ſerrail
Et pour la blonde & pour la brune?
Comment garder tout ce bercail,
Si l'on ne peut en garder une?

   Mais par un crime impertinent
Détruire la ſource des êtres,
Dégrader l'homme uniquement
Pour déſennuyer de vieux prêtres!
Et, ce qui me ſemble agravant,
Priver de fait un Catholique
D'un fort aimable ſacrement!
Cette invention frénétique
Dut naître au fin fond de l'enfer.
Concevons que c'eſt payer cher
Un petit luxe de muſique.

   Et ce ſont des peuples penſants,
Des chrétiens polis & charmants,
Qui, dans le temple & ſur la ſcene,
Se donnaient ce doux paſſetemps
Aux dépends de l'eſpece humaine!
La nature étouffait ſes cris;
Dignes émules de Tantale
Les peres immolaient leurs fils
A cette fureur muſicale.
Les deſcendants des Scipions,
Des Fabius & des Catons,
Subiſſaient l'attentat impie;
Malheureux dans leur infamie,
Chaque jour ſouffrant mille morts,
Et, pour mieux combler leur miſere
Forcés de feindre des tranſports
Qu'ils ne pouvaient plus ſatisfaire.

Ils formaient les plus beaux accords,
Ils triomphaient dans la cadence,
Les roulements & cætera;
Mais, comme on l'a dit, ces gens-là
Ne brillaient point par leur dépense.

. . . .

Remercions Clément l'apôtre.
Chez les Cordeliers il vivait.
Du bien qu'à l'homme on enlevait
Il a fu le prix mieux qu'un autre.
Pour le payer de fa bonté
Puiffent des fonges favorables,
En dépit de fa fainteté,
Lui retracer la volupté,
Qu'il conferve à tous fes femblables!
Et vous, des bords ultramontains
Rois & princes que je révere,
Méritez vos nobles deftins;
Et, fi la gloire vous eft chere,
Hâtez-vous, ne permettez plus
Ces indignes métamorphofes;
Faites admirer vos vertus,
Et n'ayez plus ces virtuofes;
Ils font frémir l'honnêteté;
Abjurez, ce goût fanatique;
Aimez un peu moins la mufique,
Et beaucoup plus l'humanité.

LES FINANCES.

Quand Terrai nous mangeait, un honnête bourgeois,
Laffé des contretemps d'une vie inquiete,
Tranfplanta fa famille au pays champenois:
Il avait près de Rheims une obfcure retraite;
Son plus clair revenu confiftait en bon vin.
Un jour qu'il arrangeait fa cave & fon ménage,
Il fut dans fa maifon vifité d'un voifin,
Qui parut à fes yeux le Seigneur du village:
Cet homme étant fuivi de brillants eftafiers,

Sergents de la finance, habillés en guerriers.
Le bourgeois fit à tous une humble révérence;
Du meilleur de fon crû prodigua l'abondance;
Puis il s'enquit tout bas, quel était le Seigneur
Qui fefait aux bourgeois un tel excès d'honneur.
  Je fuis, dit l'inconnu, dans les fermes nouvelles,
Le royal directeur des *aides & gabelles*. —
Ah! pardon, Monfeigneur! quoi! vous *aidez* le Roi! —
Oui, l'ami. — Je révere un fi fublime emploi.
Le mot *d'aide* s'entend: *Gabelles* m'embarraffe.
D'où vient ce mot? — D'un Juif appellé *Gabelus* (a) —
Ah, d'un Juif! Je le crois. — Selon les nobles us
De ce peuple divin, dont je chéris la race,
Je viens prendre chez vous les droits qui me font dûs.
J'ai fait quelques progrès, par mon expérience,
Dans l'art de *travailler un royaume en finance.*
Je fais loyalement deux parts de votre bien:
La premiere eft au roi qui n'en retire rien;
La feconde eft pour moi.   Voici votre mémoire.
Tant pour les brocs de vin qu'ici nous avons bus;
Tant pour ceux qu'aux marchands vous n'avez point
          vendus,
Et pour ceux qu'avec vous nous comptons encor boire.
Tant pour le fel marin, duquel nous préfumons
Que vous deviez garnir vos favoureux jambons. (b)
Vous ne l'avez point pris, & vous deviez le prendre.
Je ne fuis point méchant, & j'ai l'ame affez tendre.
Compofons, s'il vous plait. Payez dans ce moment
Deux mille écus tournois par accommodement.
  Mon badaut écoutait d'une mine attentive
Ce difcours éloquent qu'il ne comprenait pas,
Lorfqu'un autre Seigneur en fon logis arrive,

(a) *Il y eut en effet le Juif Gabélus qui eut des affaires d'argent
avec le bon homme Tobie; & plufieurs doctes très-fenfés tirent de
l'hébreu l'étymologie de Gabelle: car on fait que c'eft de l'hébreu que
vient le français, comme nous l'ont dit Bochard & Péferon.*

(b) *Un homme qui a tant de cochons doit prendre tant de fel
pour les faler; & s'ils meurent, il doit prendre la même quantité
de fel, fans quoi il eft mis à l'amende & on vend fes meubles.*

Lui fait fon compliment, le ferre entre fes bras. ——
Que vous êtes heureux! votre bonne fortune,
En pénétrant mon cœur à nous deux eft commune.
Du domaine royal je fuis le controlleur,
J'ai fu que depuis peu vous goûtez le bonheur
D'être feul héritier de votre vieille tante.
Vous penfiez n'y gagner que mille écus de rente:
Sachez que la défunte en avait trois fois plus.
Jouiffez de vos biens par mon favoir accrus.
Quand je vous enrichis, fouffrez que je demande,
Pour vous être trompé, dix mille francs d'amende. (c)
    Auffitôt ces meffieurs difcretement unis
Font des biens au foleil un petit inventaire;
Saififfent tout l'argent, démeublent le logis.
La femme du bourgeois crie & fe défefpere;
Le maître eft interdit; la fille eft toute en pleurs;
Un enfant de quatre ans joue avec les voleurs,
Heureux pour quelque temps d'ignorer fa difgrace!
    Son aîné, grand garçon revenant de la chaffe,
Veut fecourir fon pere & défend la maifon.
On les prend, on les lie, on les mene en prifon;
On les juge, on en fait de nobles argonautes,
Qui, du port de Toulon devenus nouveaux hôtes, (d)
Vont ramer pour le roi vers la mer de Cadix.
La pauvre mere expire en embraffant fon fils.
L'enfant abandonné gémit dans l'indigence.
La fille fans fecours eft fervante à Paris.
C'eft ainfi qu'on travaille un royaume en finance.

(c) *Les controlleurs du domaine évaluent toujours le bien dont le
collatéral hérite au triple de la valeur, le taxent fuivant cette éva-
luation, impofent une amende exceffive, vendent le bien à l'encan,
& l'achetent à bon marché.*
(d) *L'aventure eft arrivée à la famille d'Antoine Fufigate.*

FRAGMENT

D'une Lettre fur les Dictionnaires fatyriques.

. . . .

. . . .

UN de ces plus étranges Dictionnaires de parti, un de ces plus impudents recueils d'erreurs & d'injures par A & par B, eft celui d'un nommé Paulian, ex-Jéfuite, imprimé à Nimes chez Gaude en 1770. Il eft intitulé, Dictionnaire philofopho-théologique ; & il n'eft affurément ni d'un philofophe, ni d'un vrai théologien ; fuppofé qu'il y ait de vrais théologiens chez les Jéfuites. .

A l'article RELIGION il dit, *que quiconque admet la religion naturelle, avoue fans peine qu'un être infiniment parfait a tiré du néant ce vafte univers.*

Remarquez cependant qu'il n'y a jamais eu aucun philofophe, aucun patriarche, aucun homme d'une religion naturelle ou furnaturelle, qui ait enfeigné la création du néant. Il faudrait être d'une ignorance bien obftinée, pour nier que la Genefe n'a aucun mot qui fignifie créer de rien. On fait affez que l'hébreu & le grec fe fervent du mot *faire*, & non du mot *créer*. Ce n'eft pas même une queftion chez les favants.

Au mot *MESSIE*, Paulian ayant oui dire que cet article eft favamment traité dans la grande Encyclopédie, s'eft imaginé que l'auteur était un laïque, & que par conféquent ce morceau était d'un athée. Il ne favait pas que

K 4

cet excellent morceau eſt de Mr. Pollier de Bot-
tens, théologien beaucoup plus éclairé que lui,
& beaucoup plus honnête. Il ſe jette avec fureur ſur les laïques, comme ſur des eſclaves
échappés des chaînes des Jéſuites. On eſt indigné des outrages que ce fanatique de college
leur prodigue.

A l'article *MAHOMÉTISME*, voici comme il parle. *Les dogmes & la morale de cette
religion forment l'alcoran, livre dont la lecture
n'eſt permiſe qu'à un petit nombre de mahomé-
tans. On enſeigne dans ce livre que Dieu a un
corps, que l'ame eſt matiere, que la circonciſion
eſt néceſſaire, que Jéſus-Chriſt eſt le Meſſie,
que la béatitude conſiſtera dans les plus ſales
voluptés.*

Examinons ce ſeul article. Autant de mots
autant de fauſſetés, & toutes très-palpables. Il
eſt très-faux que la lecture du koran ne ſoit
permiſe qu'à un petit nombre. Il faut apren-
dre à cet ex-Jéſuite que ſur le dos de chaque
exemplaire du koran, ces lignes du Sura 56 (*)
ſont toujours écrites: *perſonne ne doit toucher
ce livre qu'avec des mains pures.* C'eſt pourquoi tout muſulman ſe lave les mains avant de
le lire. Ce Jéſuite s'imagine qu'il en eſt par
toute la terre comme à Rome, où l'on a défendu de lire la bible ſans une permiſſion ex-
preſſe. Il penſe qu'on admet dans le reſte du
monde cette contradiction: *voilà la vérité, &
vous ne la lirez pas; voilà votre regle, & vous
n'en ſaurez rien.*

(*) *Les Sura ſont les Chapitres.*

Dieu a un corps. Rien n'eft plus faux encore. C'eft une calomnie impertinente. Si Paulian avait lu une bonne traduction de l'alcoran, il aurait vu au Sura 17 ces propres paroles : *l'efprit a été créé par Dieu-même.* Pour
prouver que Dieu eft un être pur, Mahomet
dit au Sura 37, *que Dieu n'a ni fils, ni fille.*
Et dans le Sura 112, *Dieu eft le feul Dieu, l'E-
ternel Dieu ; il n'engendre ni n'eft engendré, &
rien ne lui resfemble dans l'étendue des êtres.*

Il eft bien vrai que dans l'alcoran on fe fert
quelquefois des mots de trône, de tribunal,
pour exprimer imparfaitement la grandeur de
l'Etre fuprême. Mais jamais on ne fait descendre Dieu fur la terre. Jamais on ne le ra-
baiffe aux fonctions humaines. Il faut que ce
Paulian n'ait jamais lu le livre dont il parle fi
affirmativement. Il ne connaît pas plus fon alcoran que fon évangile.

L'ame eft matiere. Il n'y a pas un mot dans
tout l'alcoran qui puiffe le moins du monde
excufer cette impofture.

La circoncifion eft nécesfaire. Il n'eft pas dit
un feul mot de la circoncifion dans tout l'alcoran. Mahomet laiffa fubfifter cette pratique
ridicule, qu'il trouva établie chez les Arabes
de temps immémorial. C'était une fuperftition
ancienne, comme elles le font toutes, de préfenter aux dieux ce qu'on avait de plus cher
& de plus noble.

Jéfus eft le Mesfie. Cette citation de l'alcoran eft encore très-fauffe. Jefus eft appellé Chrift
dans plufieurs endroits du koran. C'eft un
nom propre, comme chez Tacite, qui dit, *im-
pellente Chrifto quodam.*

K 5

Au reſte, il faut bien obſerver qu'il y avait
du temps de Mahomet vers l'Arabie quelques
exemplaires des Evangiles que nous ne rece-
vions pas; comme celui de Barnabé, qui exiſte
encore; celui des Baſilidiens & des Ebionites.
C'eſt dans celui des Baſilidiens qu'on liſait que
Jeſus n'avait pas été crucifié, & que Dieu l'a-
vait fouſtrait à la fureur de ſes ennemis. C'eſt
évidemment cet Evangile que Mahomet fui-
vit, ſans reconnaître jamais notre Sauveur pour
fils de Dieu. Car il dit expreſſément dans pluſieurs endroits, que Dieu n'a ni fils ni fille.

La béatitude dans les plus ſales voluptés. Il
faut apprendre à ce Paulian, que la jouiſſance
de la vue de Dieu eſt la premiere récompenſe
promiſe dans l'alcoran. Il eſt vrai qu'au Sura
55 il dit *que le paradis, c'eſt-à-dire le jardin,
ſera compoſé de trois grands boſquets, dans l'un
desquels ſera un large baſſin d'eau céleſte, en-
touré de palmiers & de grenadiers. On trouvera, dit-il, dans ce lieu de délices de belles vier-
ges aux grands yeux noirs, des Ouris dont perſonne n'a jamais approché, & qui repoſent ſous
de riches pavillons, couchées ſur des tapis magnifiques.*

Remarquons qu'il n'y a pas dans ce chapitre
un ſeul mot qui puiſſe allarmer la pudeur. On
y dit que ces nymphes ne ſeront connues que
par ceux qui leur ſeront deſtinés pour époux.
Ce n'eſt pas là aſſurément une *ſale volupté.*
Toutes les religions anciennes, qui admirent
tôt ou tard la réſurrection, enſeignerent qu'on
reſſuſciterait avec tous ſes ſens. Il n'était pas
déraiſonnable de penſer, que puiſqu'on avait
des ſens on aurait auſſi des ſenſations. C'était

le fentiment des pharifiens chez le petit peuple
juif. Et s'il eft permis de comparer nos livres
facrés & myftérieux aux imaginations des autres peuples, qui font tous évidemment plon-
gés dans l'erreur, n'avons-nous pas dans l'apo-
calypfe un exemple frappant de ce que je dis?
n'y voit-on pas la belle époufe qui fe marie
avec l'agneau? n'y voit-on pas la Jérufalem
célefte toute bâtie d'or & de pierres précieu-
fes? cette ville quarrée n'a-t-elle pas foixante
lieues en tout fens? les maifons n'y font-elles
pas de foixante lieues de haut? n'y a-t-il pas
des canaux d'eau vive, bordés d'arbres qui
portent des fruits délicieux? On trouve des al-
légories à peu près femblables, quoique moins
fublimes, dans la plus haute antiquité.

Non feulement ce Paulian, dans fon Dictio-
naire, calomnie les mufulmans, mais il calomnie toutes les communions chrétiennes, &
les fectes, & les particuliers. C'eft affez le
propre des Jéfuites. Les malheureux ont pris
cette mauvaife habitude dans les écoles où ils
ont régenté. Le pédantifme & l'infolence ont
formé le caractere de ceux qui ont difputé. Ils
n'ont pu s'en défaire après leur difperfion. Ils
font comme les Juifs, qui ont confervé leurs
anciennes fuperftitions, n'ayant plus de Jérufalem. Nous laiffons encore les Juifs prêter fur
gages; & nous laiffons aboyer les Paulians &
les Nonottes.

Mais ces chiens devraient s'appercevoir qu'ils
n'aboyent plus que dans la rue, qu'ils font
chaffés de toutes les maifons où ils mordaient
autrefois.

Ce roquet de Paulian (qui le croirait?)
parle encore de la grace fuffifante. Il eft vrai-

ment bien queſtion aujourd'hui de la grace
ſuffiſante qui ne ſuffit pas ! Ces ſottiſes feſaient
grand bruit ſous Louis XIV , quand le miſéra-
ble Normand Le Tellier, natif de Vire , oſait
perſécuter le Cardinal de Noailles. Les querel-
les ridicules des Janſéniſtes & des Moliniſtes
ſont oubliées aujourd'hui , comme mille autres
ſectes qui ont troublé la paix publique dans des
temps d'ignorance & de bel eſprit.

Je vous enverrai par la premiere poſte un relevé des calomnies de Paulian contre les bons
chrétiens. (*)

R E P O N S E
A CETTE LETTRE
P A R Mr. D E M O R Z A.

Votre Paulian, Monſieur, eſt auſſi ignoré
dans Paris, que les tragédies & les comédies
de l'année paſſée, les oraiſons funebres faites
dans ce ſiecle, les almanacs des muſes, & la
foule innombrable des autres fadaiſes dont la
preſſe eſt ſurchargée. Ce n'eſt pas ſeulement
la rage d'un fanatiſme imbécille qui met la
plume à la main de ces gens-là ; c'eſt une autre eſpece de rage, qui eſt le réſultat de la miſere, de la faim, de la répugnance pour un métier honnête, & de cet orgueil ſecret qui ſe mêle aux ſentimens les plus bas. Nous en avons

---

(*) *Nous n'avons pas trouvé ce relevé. Ce ſera pour une autre fois.* Oportet cognoſci malos.

un bel exemple dans cet homme nommé Sabotier natif de Caftres. Il ne tenait qu'à lui d'ê-
tre un bon perruquier, comme fon pere; il s'eft
fait abbé; & vous favez ce qu'il eft devenu.
Après avoir été chaflé de Touloufe & mis au
cachot à Strasbourg, il fe procura je ne fais
comment une entrée dans la maifon de Mr.
Helvétius; & la premiere chofe qu'il fit après
la mort de fon bienfaiteur & de fon maître, fut
de le déchirer, non pas à belles dents, mais à
très-vilaines dents, dans un de ces dictionnaires de calomnies intitulé *les trois fiecles*, ouvrage de la haine & de l'envie de quelques pré-
tendus gens de lettres décrédités, qui eurent la
baffeffe de s'affocier avec lui. Et favez-vous
Mr. quel prétexte ils inventerent pour juftifier
cette œuvre d'iniquité? celui de défendre la religion chrétienne. C'eft fous ce mafque facré
que cette petite troupe de démons voulut paraître en anges de lumiere.

Il eft bon Mr. de favoir quels font ces apô-
tres; le public un jour les connaîtra tous : en
attendant je vous dirai, que dans un de mes
voyages j'ai vu entre les mains de Mr. de V.....
un extrait & un commentaire de Spinofa, écrit
tout entier de la main de ce malheureux Sabotier. C'eft un in-quarto de 57 pages intitulé
*Analyfe de Spinofa, où l'on expofe les caufes &
les motifs de l'incrédulité de ce philofophe.* Le
manufcrit commence par ces mots, *Spinofa était
fils d'un Juif marchand*, & finit par ceux-ci,
Adieu baptifabit. Il eft accompagné d'un recueil
de petites pieces de vers de Mr. l'abbé, dignes
des étrennes de la St. Jean & des lieux honnêtes où ce faint homme les a faits. Tout cela
eft écrit de la main de Mr. l'abbé Sabotier, &

signé de lui. Des personnes que ce confesseur avait insultées dans son dictionnaire des trois siecles, envoyerent ce manuscrit à Mr. de V...., esperant qu'il le dénoncerait au Ministre qui veille sur la littérature, & qu'il obtiendrait qu'on fit de ce confesseur un martyr. Mais Mr. de V..... n'était pas homme à descendre à une telle vengeance. Et celui qui avait tiré l'abbé Desfontaines de Bissêtre, ne pouvait s'avilir jusqu'à persécuter le petit abbé commentateur.

Vous connaissez Mr. la fameuse réponse de Desfontaines à Mr. le Comte d'Argenson, *Monseigneur, il faut que je vive.* Il faut que l'abbé Sabotier vive aussi. Mais je conseillerais à tous les malheureux qui croient vivre de brochures soit contre les beaux arts, soit contre le gouvernement, de lire avec attention ces vers du pauvre diable.

Prête l'oreille à mes avis fideles.
Jadis l'Egypte eut moins de sauterelles,
Que l'on ne voit aujourd'hui dans Paris
De malotrus soi-disant beaux esprits,
Qui, dissertant sur les pieces nouvelles,
En font encor de plus sifflables qu'elles;
Tous l'un de l'autre ennemis obstinés,
Mordus, mordants, chansonneurs, chansonnés,
Nourris de vent au temple de mémoire,
Peuple croté qui dispense la gloire.
J'estime plus ces honnêtes enfans
Qui de Savoie arrivent tous les ans,
Et dont la main légerement essuie
Ces longs canaux engorgés par suie:
J'estime plus celle qui dans un coin
Tricote en paix les bas dont j'ai besoin,
Le cordonnier qui vient de ma chaussure
Prendre à genoux la forme & la figure,
Que le métier de tes obscurs Frérons, &c.

LE DIMANCHE,

OU

LES FILLES DE MINÉE

POEME.

Vous demandez, Madame Harnanche,
Pourquoi nos dévots Payſans,
Les Cordeliers à la grand'manche,
Et nos Curés catéchiſants,
Aiment à boire le Dimanche.
J'ai conſulté bien des Savans :
Huet, cet Evêque d'Avranche,
Qui toujours pour la Bible penche,
Prétend qu'un uſage ſi beau
Vient de Noé le Patriarche.
Qui juſtement dégoûté d'eau,
S'enivrait au ſortir de l'arche.
Huet ſe trompe ; c'eſt Bacchus,
C'eſt le Légiſlateur du Gange ;
Ce Dieu de cent Peuples vaincus,
Cet inventeur de la vendange ;
C'eſt lui qui voulut conſacrer
Le dernier jour hebdomadaire
A boire, à rire, à ne rien faire.
On ne pouvait mieux honorer
La divinité de ſon Pere.
Il fut ordonné par les loix
D'employer ce jour ſalutaire
A ne faire œuvre de ſes doigts
Qu'avec ſa maîtreſſe & ſon verre.
    Un jour, ce digne fils de Dieu

Et de la pieufe Semèle,
Defcendit du ciel au faint lieu
Où fa Mere très-peu cruelle,
Dans fon beau fein l'avait conçu;
Où fon Pere l'ayant reçu,
L'avait enfermé dans fa cuiffe:
Grands myfteres bien expliqués,
Dont autrefois fe font moqués
Des gens d'efprit pleins de malice.
Bacchus à peine fe montrait,
Avec Silene & fa monture,
Tout le Peuple les adorait;
La campagne était fans culture,
Dévotement on folatrait,
Et toute la Cléricature
Courait en foule au cabaret.

Parmi ce brillant fanatifme,
Il fut un pauvre Citoyen,
Nommé *Minée*, homme de bien,
Et foupçonné de Janfénifme.
Ses trois Filles filaient du lin,
Aimaient Dieu, fervaient le prochain,
Evitaient la fainéantife,
Fuyaient les plaifirs, les amants,
Et pour ne point perdre de temps,
Ne fréquentaient jamais l'Eglife.

Alcitroé dit à fes Sœurs:
Travaillons & faifons l'aumône:
Monfieur le Curé, dans fon prône,
Donne-t-il des confeils meilleurs?
Filons, & laiffons la canaille
Chanter des verfets ennuyeux;
Quiconque eft honnête & travaille,
Ne faurait offenfer les Dieux:
Filons, fi vous voulez m'en croire,
Et pour égayer nos travaux,
Que chacune conte une hiftoire,
En faifant tourner fes fufeaux.
Les deux cadettes approuverent
Ce propos tout plein de raifon,
Et leur Sœur, qu'elles écouterent,
Commença de cette façon.

Le travail eſt mon Dieu, lui ſeul régit le monde,
Il eſt l'ame de tout; c'eſt en vain qu'on nous dit
Que les Dieux ſont à table, ou dorment dans leur lit;
Interroge les cieux, l'air & la terre & l'onde.
Le puiſſant Jupiter fait ſon tour en dix ans,
Son vieux Pere Saturne avance à pas plus lents,
Mais il termine enfin ſon immenſe carriere,
Et dès qu'elle eſt finie, il recommence encor.
Sur ſon char de rubis mêlé d'azur & d'or,
Apollon va lançant des torrens de lumiere.
Quand il quitta les cieux, il ſe fit Médecin,
Architeɛte, Berger, Menétrier, Devin:
Il travailla toujours. Sa Sœur l'aventuriere,
Eſt Hécate aux enfers, Diane dans les bois,
Lune pendant les nuits, & remplit trois emplois.
Neptune chaque jour eſt occupé ſix heures
A ſoulever des eaux les profondes demeures,
Et les fait dans leur lit retomber par leur poids.
Vulcain noir & craſſeux, courbé ſur ſon enclume,
Forge à coups de marteau les foudres qu'il allume.
On m'a conté qu'un jour, croyant le bien payer,
Jupiter à Vénus daigna le marier.
Ce Jupiter, mes Sœurs, étoit grand adultere:
Vénus l'imita bien, chacun tient de ſon pere.
Mars plut à la fripponne: il était Colonel,
Vigoureux, impudent, s'il en fut dans le Ciel,
Talons rouges, nez haut, tous les talens de plaire:
Et tandis que Vulcain travaillait pour la Cour,
Mars conſolait ſa Femme en parfait Petit-Maitre,
Par air, par vanité, plutôt que par amour.
Le Mari mépriſé, très-digne auſſi de l'être,
Aux deux Amants heureux voulut jouer d'un tour.
D'un fil d'acier poli, non moins fin que ſolide,
Il façonne un rézeau que rien ne peut briſer;
Il le porte la nuit au lit de la perfide:
Laſſe de ſes plaiſirs, il la voit repoſer
Entre les bras de Mars; & d'une main timide,
Il vous tend ſon lacet ſur le couple amoureux:
Puis marchant à grands pas, encor qu'il fût boiteux,
Il court vite au Soleil conter ſon aventure.
Toi qui vois tout, dit-il, viens, vois une parjure;

Et pendant que Phofphore, au bord de l'Orient,
Au-devant de fon char ne paroit point encore,
Et qu'en verfant des pleurs la diligente Aurore
Quitte fon vieil Epoux pour fon nouvel Amant;
Appelle tous les Dieux, qu'ils contemplent ma honte,
Qu'ils viennent me venger. Apollon eft malin,
Il rend, avec plaifir, ce fervice à Vulcain;
En petit vers galants fa difgrace il raconte:
Il affemble en chantant tout le Confeil Divin.
Mars fe réveille au bruit, auffi-bien que fa Belle;
Ce Dieu très-effronté ne fe dérangea pas,
Il tint, fans s'étonner, Vénus entre fes bras,
Lui donnant cent baifers qui font rendus par elle.
Tous les Dieux à Vulcain firent leur compliment:
Le Pere de Vénus en rit long-temps lui-même.
On vanta du lacet l'admirable inftrument,
Et chacun dit: Bon-homme, attrapez-nous-de-même.
        Lorfque la belle Alcitroé
        Eut fini fon conte pour rire,
        Elle dit à fa Sœur Thémire,
        Tout le Peuple chante *Evoé*,
        Il s'énivre, il eft en délire,
        Il croit que la joie eft du bruit;
        Mais vous, que la raifon conduit,
        N'avez-vous donc rien à nous dire?
        Thémire à fa Sœur répondit,
        La populace eft la plus forte;
        Je crains fes dévots, & fais bien;
        A double tour, fermons la porte,
        Et pourfuivons notre entretien.
        Votre conte eft de bonne forte,
        D'un vrai plaifir il me tranfporte:
        Pourriez vous écouter le mien?
C'eft de Vénus qu'il faut parler encore,
Sur ce fujet jamais on ne tarit,
Filles, garçons, jeunes, vieux, tout l'adore;
Mille grimauds font des vers fans efprit
Pour la chanter: je m'en fuis fouvent plainte;
Je déteftais tout médiocre Auteur;
Mais on les paffe, on les fouffre; & la Sainte
Fait qu'on pardonne au fot prédicateur

Cette Vénus, que vous avez dépeinte
Folle d'amour pour le Dieu des combats,
D'un autre amour eut bientôt l'ame atteinte;
Le changement ne lui déplaisait pas.
Elle trouva devers la Paleftine
Un beau garçon, dont la charmante mine,
Les blonds cheveux, les rofes & les lys,
Les yeux brillants, la taille noble & fine,
Tout lui plaifait, car c'était Adonis.
  Cet Adonis, ainfi qu'on nous l'attefte,
Au rang des Dieux n'était pas tout-à-fait;
Mais chacun fait combien il en tenait;
Son origine était toute célefte,
Il était né des p'aifirs d'un incefte,
Son pere était fon ayeul Cinyra,
Qui l'avait eu de fa fille Myrrha,
Et Cinyra, ce qu'on a peine à croire,
Etait le fi s d'un beau morceau d'ivoire.
Je voudrois bien que quelque grand Docteur
Pût m'expliquer fa généalogie:
J'aime à m'inftruire, & c'eft un grand bonheur
D'être favante en la Théologie.
Mars fut jaloux de ce charmant rival,
Il le furprit avec fa Cythérée,
Le nez collé fur fa bouche facrée,
Faifant des Dieux.   Mars eft un peu brutal;
Il prit fa lance, & d'un coup déteftable,
Il tranfperça ce jeune homme adorable,
De qui le fang produit encor des fleurs.
J'admire ici toutes les profondeurs
De cette hiftoire, & j'ai peine à comprendre
Comment un Dieu pourroit ici pourfendre
Un autre Dieu; çà dites-moi, mes Sœurs,
Qu'en penfez-vous? parlez-moi fans fcrupule,
Tout de ce Dieu n'eft-il pas ridicule?
Non, dit Climene, & puifqu'il était né,
C'eft à mourir qu'il était condamné.
Je le p'ains fort, fa mort paroit trop prompte;
Mais pourfuivez le fil de vo re conte.
  Notre Thémire aimant à raifonner,
Lui répondit, je vais vous étonner:

Adonis meurt ; mais Vénus la féconde,
Qui peuple tout, qui fait vivre & sentir,
Cette Vénus qui créa le plaisir,
Cette Vénus qui répare le monde,
Ressuscita, sept jours après sa mort,
Le Dieu charmant dont vous plaignez le sort.
Bon, dit Climene, en voici bien d'une autre ;
Ma chere Sœur, quelle idée est la vôtre ?
Ressusciter les gens ! je n'en crois rien.
Ni moi non plus, dit la belle Conteuse ;
Et l'on peut être une fille de bien,
En soupçonnant que la Fable est trompeuse ;
Mais tout cela se croit très-fermement
Chez les Docteurs de ma noble Patrie,
Chez les Rabins de l'antique Syrie,
Et vers le Nil, où le Peuple en dansant,
De son Isis entonnant la louange,
Tous les matins fait des Dieux & les mange.
Chez tous ces gens Adonis est fêté,
On vous l'enterre avec solemnité ;
Six jours entiers l'enfer est sa demeure,
Il est damné tant en corps qu'en esprit ;
Dans ces six jours chacun gémit & pleure ;
Mais le septieme il ressuscite & vit.
Telle est, dit-on, la belle allégorie,
Le vrai portrait de l'homme & de la vie,
Six jours de peine, un seul jour de bonheur ;
Du mal au bien toujours le destin change,
Mais il est peu de plaisir sans douleur,
Et nos chagrins sont toujours sans mélange.
De la sage Climene enfin c'était le tour ;
Son talent n'était pas de conter des sornettes,
De faire des Romans ou l'histoire du jour,
De ramasser des faits perdus dans la Gazette ;
Elle était un peu seche, aimait la vérité,
La cherchait, la disait avec simplicité,
Se souciant fort peu qu'elle fût embellie ;
Elle eût fait un bon tome à l'*Encyclopédie* :
Climene à ses deux Sœurs adressa ce discours.
    Vous m'avez de vos Dieux raconté les amours,
        Les aventures, les mysteres ;

Si nous n'en croyons rien, que nous fert d'en parler?
Un mot devroit fuffire ; on a trompé nos peres,
  Il ne faut pas leur reffembler.
  Les Béotiens, nos confreres,
Chantent au cabaret l'hiftoire de nos Dieux;
Le vulgaire fe fait un grand plaifir de croire
  Tous ces contes faftidieux
Dont on a dans l'enfance enrichi fa mémoire.
Pour moi, dût le Curé me gronder après boire,
Je m'en tiens à vous dire, avec mon peu d'efprit,
Que je n'ai jamais cru rien de ce qu'on m'a dit;
D'un bout du monde à l'autre on ment & l'on mentit;
Nos neveux mentiront comme ont fait nos ancêtres.
  Chroniqueurs, Médecins & Prêtres
Se font moqués de nous dans leur fatras obfcur;
  Moquons-nous d'eux, c'eft le plus fûr.
  Je ne crois point à ces prophetes
  Pourvus d'un efprit de Python,
  Qui renoncent à leur raifon
  Pour prédire des chofes faites.
Je ne crois point qu'un Dieu nous faffe nos enfants;
  Je ne crois point la guerre des Géants;
Je ne crois point du tout à la prifon profonde,
D'un rival de Dieu-même en fon temps foudroyé;
Je ne crois point qu'un fat ait embrâfé le monde
  Que fon grand-Pere avait noyé;
  Je ne crois aucun des miracles
Dont tout le monde parle, & qu'on n'a jamais vus;
  Je ne crois aucun des oracles
  Que des Charlatans ont rendus.
Je ne crois point.... La Belle au milieu de fa phrafe
S'arrêta de frayeur: un bruit affreux s'entend,
  La maifon tremble, un coup de vent
  Fait tomber le Trio qui jafe;
Avec tout fon Clergé Bacchus entre en buvant:
Et moi je crois, dit-il, Mefdames les Savantes,
  Qu'en faifant trop les beaux-efprits
  Vous êtes des impertinentes;
  Je crois que de mauvais écrits
  Vous ont un peu tourné la tête:
  Vous travaillez un jour de Fête,

Vous en aurez bientôt le prix,
Et ma vengeance eft toute prête;
Je vous change en chauve fouris.
　　Auffi tôt de nos trois Reclues
Chaque membre fe raccourcit,
Sous leur aiffelle il étendit
Deux petites ailes velues,
Leur voix pour jamais fe perdit ;
Elles volerent dans les rues,
Et devinrent oifeaux de nuit.
　　Ce châtiment fut tout le fruit
De leurs fciences prétendues.
Ce fut une grande leçon
Pour tout raifonneur qui fronde:
On connut qu'il eft dans ce monde
Trop dangereux d'avoir raifon.
　　Ovide a conté cette affaire,
Lafontaine en parle après lui ;
Moi je la répete aujourd'hui,
Et j'aurais mieux fait de me taire.

DIATRIBE

A L'AUTEUR

DES ÉPHÉMÉRIDES.

10 Mai 1775.

MONSIEUR,

UNe petite fociété de cultivateurs dans le fund d'une province ignorée lit affidument vos éphémérides, & tâche d'en profiter. L'auteur du fiege de Calais obtint de cette ville des lettres de bourgeoifie pour avoir voulu élever l'infortuné *Philippe de Valois* au-deſſus du grand *Edouard III* ſon vainqueur. Il s'intitula toujours citoyen de Calais. Mais vous nous paraiſſez par vos écrits le citoyen de l'univers.

Oui, Monſieur, l'agriculture eſt la baſe de tout, comme vous l'avez dit, quoiqu'elle ne faſſe pas tout. C'eſt elle qui eſt la mere de tous les arts & de tous les biens; c'eſt ainſi que penſait le premier des *Catons* dans Rome, & le plus grand des *Scipions* à Linterne. Telle était avant eux l'opinion & la conduite de *Xénophon* chez les Grecs, après la retraite des dix mille.

La religion même n'était fondée que ſur l'agriculture. Toutes les fêtes, tous les rites n'étaient que des emblêmes de cet art, le premier des arts, qui raſſemble les hommes, qui pourvoit à leur nouriture, à leurs logements, à leurs vêtements, les trois ſeules choſes qui ſufiſent à la nature humaine.

Ce n'eſt point ſur les fables ridicules & amuſantes, recueillies par *Ovide*, que la religion, nommée depuis paganiſme, fut originairement établie. Les amours imputés aux dieux ne furent point un objet d'adoration; il n'y eut jamais de temple conſacré à *Jupiter* adultere, à *Vénus* amoureuſe de *Mars*, à *Phœbus* abuſant de l'enfance d'*Hyacinthe*. Les premiers myſteres inventés dans la plus haute antiquité étaient la célébration des travaux champêtres ſous la protection d'un Dieu ſuprême. Tels furent les myſteres d'*Iſis*, d'*Orphée*, de *Cérès Eleuſine*. Ceux de *Cérès* ſur-tout repréſentaient aux yeux & à l'eſprit, comment les travaux de la campagne avaient retiré les hom-

mes de la vie fauvage. Rien n'était plus utile
& plus faint. On enfeignait à révérer Dieu
dans les aftres dont le cours ramene les faifons;
& on offrait au grand *Demiourgos*, fous le nom
de *Cérès* & de *Bacchus*, les fruits dont fa provi-
dence avait enrichi la terre. Les orgies de *Bacchus* furent long-temps auffi pures, auffi facrées
que les myfteres de *Cérès*. C'eft de quoi *Gau-
truche*, *Bannier* & les autres mythologues ne
fe font pas affez informés. Les prêtreffes de
Bacchus, qu'on appellait les *vénérables*, firent
vœu de chafteté & d'obéiffance à leurs fupérieurs, jufqu'au temps d'*Alexandre*. On en
trouve la preuve avec la formule de leur ferment dans la harangue de *Démofthène* contre
Nérée.

En un mot, tout était facré dans la vie
champêtre fi refpectable & fi méprifée aujour-
d'hui dans vos grandes villes.

J'avoue que les petits maîtres à talons rouges de Babylone & de Memphis mangeant les
poulets des cultivateurs, prenant leurs chevaux, careffant leurs filles & croyant leur
faire trop d'honneur, pouvaient regarder cette
efpece d'hommes comme uniquement faite pour
les fervir.

Nous habitions, nous autres Celtes, un climat plus rude & un pays moins fertile qu'il
ne l'eft de nos jours. La nation fut cruellement écrafée depuis *Jules Céfar* jufqu'au grand
Julien le philofophe, qui logeait à la croix de
fer dans la rue de la harpe. Il nous traita avec
équité & avec clémence comme le refte de
l'empire. Il diminua nos impôts, il nous ven-
gea des déprédations des Germains. Il fit tout

ce qu'a voulu faire depuis notre grand *Henri IV*. C'est à un payen & à un huguenot que nous devons les seuls beaux jours dont nous ayions jamais joui jusqu'au siecle de *Louis XIV*.

Notre sort était déplorable, quand des barbares appellés Visigoths, Bourguignons & Francs, vinrent mettre le comble à nos longs malheurs. Ils réduisirent en cendre notre pays, sur le seul prétexte qu'il était un peu moins horrible que le leur. Alors tout malheureux agriculteur devint esclave dans la terre dont il était auparavant possesseur libre; & quiconque avait usurpé un château, & possédait dans sa basse-cour deux ou trois grands chevaux de charrette, dont il faisait des chevaux de bataille, traita ses nouveaux serfs plus rudement que ces serfs n'avaient traité leurs mulets & leurs ânes.

Les barbares, devenus chrétiens pour mieux gouverner un peuple chrétien, furent aussi superstitieux qu'ils étaient ignorants. On leur persuada que pour n'être pas rangés parmi les boucs quand la trompette annoncerait le jugement dernier, il n'y avait d'autre moyen que d'abandonner à des moines une partie des terres conquises. Ces bourgraves, ces châtelains ne savaient que donner un coup de lance du haut de leurs chevaux à un homme à pied ; & quelques moines savaient lire & écrire. Ceux-ci dressèrent les actes de donation; & quand ils en manquèrent, ils en forgèrent.

Cette falsification est aujourd'hui si avérée, que de mille chartes anciennes que les moines produisent, on en trouve à peine cent de véritables. *Montfaucon*, moine lui-même, l'avouait, & il ajoutait qu'il ne répondait pas de l'authenticité des cent bonnes chartes. Mais foit vraies, foit fauffes, ils eurent toujours l'adreffe d'inférer dans les donations la claufe de *mixtum & merum imperium, & homines fervos.*

Ils fe mirent donc aux droits des conquérants. Delà vint qu'en Allemagne tant de prieurs, de moines, devinrent princes, & qu'en France ils furent feigneurs fuzerains, ce qui ne s'accordait pas trop avec leur vœu de pauvreté. Il y a même encore en France des provinces entieres où les cultivateurs font efclaves d'un couvent. Le pere de famille qui meurt fans enfants n'a d'autres héritiers que les bernardins, ou les prémontrés, ou les chartreux, dont il a été ferf pendant fa vie. Un fils qui n'habite pas la maifon paternelle à la mort de fon pere, voit paffer tout fon héritage aux mains des moines. Une fille qui s'étant mariée n'a pas paffé la nuit de fes noces dans le logis de fon pere, eft chaffée de cette maifon, & demande en vain l'aumône à ces mêmes religieux à la porte de la maifon où elle eft née. Si un ferf va s'établir dans un pays étranger & y fait une fortune, cette fortune appartient au couvent. Si un homme d'une autre province paffe un an & un jour dans les tetres de ce couvent, il en devient efclave. On croirait que ces ufages font ceux des Cafres ou des Algonquins. Non, c'eft dans la patrie des l'*Hôpital* & des d'*Agueffeau* que ces horreurs ont obtenu force de loi; & les d'*Agueffeau* & les l'*Hôpital* n'ont pas même ofé élever la voix contre cet abominable abus! Lorfqu'un abus eft enraciné, il faut un coup de foudre pour le détruire.

Cependant, les cultivateurs ayant acheté enfin leur liberté des rois & de leurs feigneurs dans la plupart des provinces de France, il ne refta plus de ferfs qu'en Bourgogne, en Franche-Comté, & dans peu d'autres cantons. Mais la campagne n'en fut gueres plus foulagée dans le royaume des Francs. Les guerres malheureufes contre les Anglais, les irruptions imprudentes en Italie, la valeur inconfidéréc de *Francois premier*, enfin les guerres de religion qui bouleverferent la France pendant quarante années, ruinerent l'agriculture au point qu'en 1598 le duc de *Sulli* trouva une grande partie des terres en friche, faute, dit-il, *de bras & de facultés pour les cultiver*. Il était dû par les colons plus de vingt millions pour trois années de taille. Ce grand miniftre n'héfita pas à remette au peuple cette dette alors immenfe; & dans quel temps! lorfque les ennemis venaient de fe faifir d'Amiens, & que *Henri IV* courait hazarder fa vie pour le reprendre.

Ce fut alors que ce Roi, le vainqueur & le pere de fes fujets, ordonna qu'on ne faifirait plus, fous quelque prétexte que ce fût, les beftiaux des laboureurs & les inftruments de labourage. *Réglement admirable*, dit le judicieux Monfieur de Fourbonaye, *& qu'on aurait dû toujours interpréter dans fa plus grande étendue à l'égard des beftiaux, dont l'abondance eft le principe de la fécondité des terres, en même temps qu'elle facilite la fubfiftance des gens de la campagne.*

Il eft à remarquer que le duc de *Sulli* fe dé-

clare dans plufieurs endroits de fes mémoires
contre la gabelle, & que cependant il augmen-
ta lui-même l'impôt du fel dans quelques né-
ceffités de l'Etat; tant les affaires jettent fouvent les hommes hors de leurs mefures, tant
il eft rare de fuivre toujours fes principes. Mais
enfin il tira fon maître du goulfre de la dépré-
dation de fes gens de finance, de-même que
Henri IV fe tira par fon courage & par fon
adreffe de l'abyme où la Ligue, *Philippe II* &
Rome l'avaient plongé.

C'eft un grand problême en finance & en
politique s'il valait mieux pour *Henri IV* amas-
fer & enterrer vingt millions à la Baftille, que
les faire circuler dans le royaume. J'ai oui
dire que s'il faut mettre quelque chofe à la
Baftille, il vaut mieux y enfermer de l'argent
que des hommes. *Henri IV* fe fouvenait qu'il
avait manqué de chemifes & de dîner, quand
il difputait fon Royaume au curé *Guinceftre* &
au curé *Aubri*. D'ailleurs ces vingt millions,
joints à une année de fon revenu, allaient fervir à le rendre l'arbitre de l'Europe; lorfqu'un
maître d'école qui avait été feuillant, & qui
venait de fe confeffer à un Jéfuite, l'affaffina à
coups de couteau dans fon caroffe au milieu de
fix de fes amis, pour l'empêcher, difait-il, de
faire la guerre à Dieu, c'eft-à-dire au pape (*a*).

Ses vingt millions furent bientôt diffipés, fes
grands projets anéantis; tout rentra dans la
confufion.

─────────────────────────

(*a*) *Ce font les propres paroles de ce monftre dans un de fes interrogatoires.*

Marie Médicis fa veuve adminiftra fort mal le bien de *Louis XIII* fon pupille. Ce pupille nommé *le jufte* fit aflafliner fous fes yeux fon premier Miniftre, & mettre en prifon fa mere, pour plaire à un jeune gentilhomme d'Avignon, qui gouverna encore plus mal; & le peuple ne s'en trouva pas mieux. Il eut à la vérité la confolation de manger le cœur du Maréchal d'*Ancre*; mais il manqua bientôt de pain.

Le Miniftere du Cardinal de *Richelieu* ne fut guere fignalé que par des factions & par des échafauds. Tout cela bien examiné, depuis l'invafion de *Clovis* jufqu'à la fin des guerres ridicules de la fronde, fi vous en exceptez les dix dernieres années de *Henri IV*, je ne connais guere de peuple plus malheureux que celui qui habite de Bayonne à Calais, & de la Saintonge à la Lorraine.

Enfin *Louis XIV* régna par lui-même, & la France naquit.

Son grand Miniftre *Colbert* ne facrifia point l'agriculture au luxe, comme on l'a tant dit; mais il fe propofa d'encourager le labourage par les manufactures, & la main d'œuvre par la culture des terres. Depuis 1662 jufqu'à 1672 il fournit un million de livres numéraires de ce temps-là chaque année pour le foutien du commerce. Il fit donner deux mille francs de penfion à tout gentilhomme cultivant fa terre, qui aurait eu douze enfants, fuffent-ils morts, & mille francs à qui aurait eu dix enfants. Cette derniere gratification fut accordée auffi aux peres de famille taillables.

Il eft fi faux que ce grand homme abandon-

nât le foin des campagnes, que le Minifter•
Anglais fachant combien la France avait été
dénuée de beftiaux dans le temps miférable de
la fronde, & propofant en 1667 de lui en vendre d'Irlande, il répondit qu'il en fournirait à
l'Irlande & à l'Angleterre à plus bas prix.

Cependant c'eft dans ces belles années qu'un
Normand nommé *Boisguilbert*, qui avait perdu fa fortune au jeu, voulut décrier l'admi-
niftration de *Colbert*; comme fi les fatyres eus-
fent pu réparer fes pertes. C'eft ce même
homme qui fit depuis la dixme royale fous le
nom du Maréchal de *Vauban :* & cent bar-
bouilleurs de papier s'y trompent encore tous
les jours. Mais les fatyres ont paffé, & la
gloire de *Colbert* eft demeurée.

Avant lui on n'avait nul fyftême d'amélio-
ration & de commerce. Il créa tout; mais il
faut avouer qu'il fut arrêté dans les œuvres de
fa création, par les guerres deftructives que l'a-
mour dangereux de la gloire fit entreprendre
à *Louis XIV. Colbert* avait fait paffer au confeil un édit, par lequel il était défendu, fous
peine de mort, de propofer de nouvelles taxes
& d'en avancer la finance pour la reprendre fur
le peuple avec ufure. Mais à peine cet édit
fut-il minuté que le Roi eut la fantaifie de
punir les Hollandais; & cette vaine gloire de
les punir obligea le Miniftre d'emprunter, dans
le cours de cette guerre inutile, quatre cents
millions de ces mêmes traitants qu'il avait voulu profcrire à jamais. Ce n'eft pas affez qu'un
Miniftre foit économe: il faut que le Roi le
foit auffi.

Vous favez mieux que moi, Monfieur, combien les campagnes furent accablées après la mort de ce Miniftre. On eût dit que c'était à fon peuple que *Louis XIV.* faifait la guerre. Il fut réduit à opprimer la nation pour la défendre. Il n'y a point de fituation plus douloureufe. Vous avez vu les mêmes défaftres renouvellés avec plus de honte pendant la guerre de 1756. Qu'on fonge à cette fuite de miferes à peine interrompue pendant tant de ficcles; & on pourra s'étonner de la gaieté dont la nation fe pique.

Je me hâte de fortir de cét abyme ténébreux, pour voir quelques rayons du jour plus doux qu'on nous fait efpérer. Je vous demande des éclairciffements fur deux objets bien importants. L'un eft la perte étonnante de neuf cents foixante & quatorze millions que trois impôts trop forts & mal repartis coûtent, felon vous, tous les ans au Roi & à la nation. (*a*) L'autre eft l'article des bleds.

S'il eft vrai, comme vous femblez le prouver, que l'état perde tous les ans neuf cents foixante & quatorze millions de livres par l'impôt feul du fel, du vin, du tabac, que devient cette fomme immenfe?

Vous n'entendez pas, fans doute, neuf cents foixante & quatorze millions en argent comptant engloutis dans la mer, ou portés en Angleterre, ou anéantis? Vous entendez des productions, c'eft-à-dire des biens réels, évalués à cette fomme immenfe, lefquels biens nous ferions croître fur notre territoire, fi ces trois

---

(*a*) *Voyez le Tome IV des Ephémérides de 1775.*

impôts ne nuifaient pas à fa fécondité. Vous entendez fur-tout une grande partie de cette fomme égarée dans les poches des fermiers de l'Etat, dans celle de leurs agents, & des commis de leurs agents, & des alguazils de leurs commis. Vous cherchez donc un moyen de faire tomber dans le tréfor du Roi le produit des impôts nécelfaires pour payer fes dettes, fans que ce produit paffe par toutes les filieres d'une armée de fubalternes qui l'atténuent à chaque paffage, & qui n'en laiffent parvenir au Roi que la partie la plus mince.

C'eft-là, ce me femble, la pierre philofophale de la finance; à cela près que cette nouvelle pierre philofophale eft aifée à trouver, & que celle des alchymiftes eft un rêve.

Il me paraît que votre fecret eft fur-tout de diminuer les impôts pour augmenter la recette. Vous confirmez cette vérité, qu'on pourrait prendre pour un paradoxe, en rapportant l'exemple de ce que vient de faire un homme plus inftruit peut-être que *Sulli*, & qui a d'aulli grandes vues que *Colbert*, avec plus de philofophie véritable dans l'efprit que l'un & l'autre. Pendant l'année 1774, il y avait un impôt confidérable établi fur la marée fraîche; il n'en vint le carême que 153 chariots. Le Miniftre dont je vous parle diminua l'impôt de moitié; & cette année 1775 il en eft venu 596 chariots. Donc le Roi fur ce petit objet a gagné plus du double. Donc le vrai moyen d'enrichir le Roi & l'État eft de diminuer tous les impôts fur la confommation, & le vrai moyen de tout perdre eft de les augmenter.

J'admire avec vous celui qui a démontré par
les

les faits cette grande vérité. Reste à savoir comment on s'y prendra sur des objets plus vastes & plus compliqués. Les machines qui réussissent en petit n'ont pas toujours les mêmes succès en grand, les frottements s'y opposent. Et quels terribles frottements que l'intérêt, l'envie & la calomnie !

Je viens enfin à l'article des bleds. Je suis laboureur, & cet objet me regarde. J'ai environ quatre-vingts personnes à nourrir. Ma grange est à trois lieues de la ville la plus prochaine; je suis obligé quelquefois d'acheter du froment, parce que mon terrein n'est pas si fertile que celui de l'Egypte & de la Sicile.

Un jour un grenier me dit : Allez-vous-en à trois lieues payer cherement au marché de mauvais bled ; prenez des commis un acquit à caution; & si vous le perdez en chemin, le premier Sbire qui vous rencontrera sera en droit de saisir votre nourriture, vos chevaux, votre personne, votre femme, vos enfants ; si vous faites quelque difficulté sur cette proposition, sachez qu'à vingt lieues il est un coupe-gorge qu'on appelle jurisdiction; on vous y trainera, vous serez condamné à marcher à pied jusqu'à Toulon, où vous pourrez labourer à loisir la mer Méditerranée.

Je pris d'abord ce discours instructif pour une froide raillerie. C'était pourtant la vérité pure. Quoi ! dis-je, j'aurai rassemblé des colons pour cultiver avec moi la terre, & je ne pourrai acheter librement du bled pour les nourrir eux & ma famille? & je ne pourrai en vendre à mon voisin quand j'en aurai de superflu? ➝ Non, il faut que vous & votre voisin creviez vos chevaux pour courir pendant

M

fix lieues. ━━ Eh dites-moi, je vous prie, j'ai
des pommes de terre & des châtaignes, avec
lefquelles on fait du pain excellent pour ceux
qui ont un bon eftomac, ne puis-je pas en
vendre à mon voifin fans que ce coupe-gorge
dont vous m'avez parlé m'envoie aux gale-
res? ━━ Oui ━━ Pourquoi, s'il vous plait,
cette énorme difference entre mes châtaignes
& mon bled ? ━━ Je n'en fais rien : c'eft
peut-être parce que les charanfons mangent le
bled, & ne mangent point les châtaignes. ━━
Voilà une très-mauvaife raifon. ━━ Eh bien,
fi vous en voulez une meilleure, c'eft parce
que le bled eft d'une néceflité premiere, &
que les châtaignes ne font que d'une feconde
néceflité. ━━ Cette raifon eft encore plus
mauvaife. Plus une denrée eft néceffaire, plus
le commerce en doit être facile. Si on ven-
dait le feu & l'eau, il devrait être permis de
les importer & de les exporter d'un bout de
la France à l'autre. ━━

Je vous ai dit les chofes comme elles font,
me dit enfin le greffier. Allez-vous-en plaindre au Contrôleur général ; c'eft un homme
d'Eglife & un jurisconfulte ; il connait les
loix divines & les loix humaines ; vous aurez double fatisfaction.

Je n'en eus point. Mais j'appris qu'un Miniftre d'Etat, qui n'était ni Confeiller ni prêtre, venait de faire publier un édit par lequel, malgré les préjugés les plus facrés, il
était permis à tout Périgourdin de vendre &
d'acheter du bled en Auvergne, & tout
Champenois pouvait manger du pain fait avec
du bled de Picardie.

Je vis dans mon canton une douzaine de

laboureurs, mes freres, qui lifaient cet édit fous un de ces tilleuls qu'on appelle chez nous un Rofny, parce que *Rofny* duc de Sulli les avait plantés.

Comment donc! difait un vieillard plein de fens, il y a foixante ans que je lis des édits; il nous dépouillaient prefque tous de la liberté naturelle en ftyle inintelligible; & en voici un qui nous rend notre liberté, & j'en entends tous les mots fans peine! voilà la premiere fois chez nous qu'un Roi a raifonné avec fon peuple; l'humanité tenait la plume, & le Roi a figné. Cela donne envie de vivre; je ne m'en fouciais gueres auparavant. Mais, fur-tout, que ce Roi & fon Miniftre vivent.

Cette rencontre, ces difcours, cette joie répandue dans mon voifinage, réveillerent en moi un extrême defir de voir ce Roi & ce Miniftre. Ma paffion fe communiqua au bon vieillard qui venait de lire l'édit du 13 Septembre fous le Rofny.

Nous allions partir, lorfqu'un Procureur-Fifcal d'une petite ville voifine nous arrêta tout court. Il fe mit à prouver que rien n'eft plus dangereux que la liberté de fe nourrir comme on veut; que la loi naturelle ordonne à tous les hommes d'aller acheter leur pain à vingt lieues; & que fi chaque famille avait le malheur de manger tranquillement fon pain à l'ombre de fon figuier, tout le monde deviendrait monopoleur. Les difcours véhéments de cet homme d'Etat ébranlerent les organes intellectuels de mes camarades. Mais mon bon-homme, qui avait tant d'envie de

voir le Roi, resta ferme. Je crains les mo-
nopoleurs, dit-il, autant que les Procureurs;
mais je crains encore plus la gêne horrible sous
laquelle nous gémissions; & de deux maux il
faut éviter le pire. Je ne suis jamais entré
dans le conseil du Roi; mais je m'imagine que
lorsqu'on pesait devant lui les avantages & les
dangers d'acheter son pain à sa fantaisie, il se
mit à sourire, & dit:

„ Le bon Dieu m'a fait Roi de France, &
„ ne m'a pas fait grand-panetier; je veux être le
„ protecteur de ma nation & non son opres-
„ seur réglementaire. Je pense que quand les
„ sept vaches maigres eurent dévoré les sept
„ vaches grasses, & que l'Egypte éprouva la
„ disette, si *Pharaon*, ou le pharaon, avait eu
„ le sens commun, il aurait permis à son
„ peuple d'aller acheter du bled à Babylone
„ & à Damas; & s'il avait eu un cœur, il
„ auroit ouvert ses greniers gratis, sauf à se
„ faire rembourser au bout de sept ans que
„ devait durer la famine. Mais forcer ses su-
„ jets à lui vendre leurs terres, leurs be-
„ stiaux, leurs marmites, leur liberté, leurs
„ personnes, me paraît l'action la plus folle,
„ la plus impraticable, la plus tyrannique.
„ Si j'avais un contrôleur-général qui me
„ proposât un tel marché, je crois, Dieu me
„ pardonne, que je l'enverrais à sa maison
„ de campagne avec ses vaches grasses. Je
„ veux essayer de rendre mon peuple libre &
„ heureux pour voir comment cela fera."

Cet apologue frappa toute la compagnie. Le
Procureur-Fiscal alla procéder ailleurs; & nous

partimes le bon-homme & moi dans ma charrette, qu'on appellait caroffe, pour aller au plus
vite voir le Roi.

Quand nous aprochames de Pontoife, nous
fumes tout étonnés de voir environ dix à
quinze mille payfans qui couraient comme des
fous en hurlant, & qui criaient, *les bleds les
marchés , les marchés les bleds*. Nous remar-
quames qu'ils s'arrêtaient à chaque moulin ,
qu'ils le démoliffaient en un moment, & qu'ils
jettaient bled , farine & fon dans la riviere.
J'entendis un petit prêtre qui avec une voix
de Stentor leur difait : Saccageons tout, mes
amis, Dieu le veut ; détruifons toutes les fari-
nes pour avoir dequoi manger.

Je m'approchai de cet homme ; je lui dis:
Monfieur , vous me paraiffez échauffé ; voudriez-
vous me faire l'honneur de vous rafraichir dans
ma charrette ? j'ai de bon vin. Il ne fe fit pas
prier. Mes amis , dit-il , je fuis habitué de
paroiffe ; quelques-uns de mes confreres &
moi nous conduifons ce cher peuple ; nous
avons reçu de l'argent pour cette bonne œuvre ; nous jetons tout le bled qui nous tombe fous la main, de peur de la difette ; nous
allons égorger dans Paris tous les boulangers
pour le maintien des loix fondamentales du
royaume ; voulez-vous être de la partie ?

Nous le remerciames cordialement , & nous
primes un autre chemin dans notre charrette
pour aller voir le Roi.

En paffant par Paris, nous fumes témoins
de toutes les horreurs que commit cette hor-
de de vengeurs des loix fondamentales. Ils
étaient tous ivres, & criaient d'ailleurs qu'ils

M 3

mouraient de faim. Nous vîmes à Versailles
paſſer le Roi & la famille royale. C'eſt un
grand plaiſir. Mais nous ne pûmes avoir la
conſolation d'enviſager l'auteur de notre cher
édit du 13 Septembre. Le gardien de ſa porte
m'empêcha d'entrer. Je crois que c'eſt un
Suiſſe. Je me ſerais battu contre lui ſi je m'é-
tais ſenti le plus fort. Un gros homme qui
portait des papiers me dit : Allez, retournez
chez vous avec confiance, votre homme ne
peut vous voir ; il a la goutte, il ne reçoit
pas même ſon médecin, & il travaille pour vous.

Nous partîmes donc mon compagnon & moi,
& nous revînmes cultiver nos champs ; ce qui
eſt, à notre avis, la ſeule maniere de prévenir
la famine.

Nous retrouvames ſur notre route quelques-
uns de ces automates groſſiers à qui on avait
perſuadé de piller Pontoiſe, Chantilli, Corbeil,
Verſailles & même Paris. Je m'adreſſai à un
homme de la troupe qui me paraiſſait repentant.
Je lui demandai quel démon les avait conduits
à cette horrible extravagance ? Hélas, Monſieur,
je ne puis répondre que de mon village. Le pain
y manquait ; les Capucins étaient venus nous
demander la moitié de notre nourriture au nom
de Dieu. Le lendemain les Récollets étaient
venus prendre l'autre moitié. ═══ Eh ! mes amis,
leur dis-je, engagez ces Meſſieurs à labourer
la terre avec vous, il n'y aura plus de di-
ſette en France.

TABLE.

Des Pieces contenues dans ce Volume.

TABLE DES PIÉCES, &c.

www.ingramcontent.com/pod-product-compliance
Lightning Source LLC
Chambersburg PA
CBHW070412090426
42733CB00009B/1642